Markus Stubbig
Der OpenWrt-Praktiker, Band 4

Markus Stubbig

Der OpenWrt-Praktiker

Band 4: VPN

Bibliografische Information der Deutschen Nationalbibliothek
Die Deutsche Nationalbibliothek verzeichnet diese Publikation in der Deutschen Nationalbibliografie; detaillierte bibliografische Daten sind im Internet über http://dnb.dnb.de abrufbar.

© 2021 Markus Stubbig
Herstellung und Verlag: BoD – Books on Demand, Norderstedt

1. Auflage 2021
ISBN: 978-3-7534-6005-5

Das Werk, einschließlich seiner Teile, ist urheberrechtlich geschützt. Jede Verwertung ist ohne Zustimmung des Verlages und des Autors unzulässig. Dies gilt insbesondere für die elektronische oder sonstige Vervielfältigung, Übersetzung, Verbreitung und öffentliche Zugänglichmachung.

Inhaltsverzeichnis

Einleitung   **9**
    Was ist VPN? 11
    Labornetz 11
    Version 11

1 IPsec   **15**
    Sicherheit 16
    Laboraufbau 17
    Installation 18
    Verbindungsaufbau 18
    Address Translation 25
    Dead Peer Detection 27
    IPv6 28
    Tunnel-Interface 29
    Authentifizierung 31
    Fehlersuche 36
    Ausblick 38
    Technischer Hintergrund 40
    Zusammenfassung 41

2 OpenVPN   **43**
    Arbeitsweise 43
    Authentifizierung 44
    Unterschiede zu IPsec 45
    Laboraufbau 47
    Site-to-Site-Tunnel 47

	Client-Server-Tunnel	53
	Sicherheit	60
	Fehlersuche	61
	Technischer Hintergrund	63
	Zusammenfassung	64
3	**WireGuard**	**65**
	Vorteile	65
	Nachteile	66
	Arbeitsweise	67
	Laboraufbau	69
	Site-to-Site-Tunnel	70
	Clients	74
	Pre-shared Key	80
	Technischer Hintergrund	81
	Zusammenfassung	82
4	**OpenConnect**	**83**
	Laboraufbau	83
	OpenConnect als Client	84
	OpenConnect als Server	87
	Ausblick	95
	Technischer Hintergrund	97
	Zusammenfassung	98
5	**Tinc**	**99**
	Laboraufbau	100
	Einrichtung	101
	Routing	105
	IPv6	107
	Kontrolle	108
	Ausblick	109
	Technischer Hintergrund	112
	Zusammenfassung	113

6 ZeroTier — 115
- Laboraufbau — 117
- Einrichtung — 117
- Routing — 120
- ZeroTier als Switch — 121
- Firewall — 122
- ZeroTier selber hosten — 123
- Technischer Hintergrund — 126
- Zusammenfassung — 127

7 IPsec-Tools — 129
- Laboraufbau — 129
- Installation — 130
- Roadwarrior — 131
- Steuerung — 136
- Site-to-Site — 136
- IPv6 — 138
- Fehlersuche — 138
- Ausblick — 139
- Zusammenfassung — 140

8 GRE — 141
- Labornetz — 141
- Einrichtung — 142
- Firewall — 143
- Routing — 143
- IPv6 — 144
- Zusammenfassung — 145

9 Multipunkt-VPN — 147
- Einleitung — 147
- Dynamischer Multipunkt VPN — 148
- Anforderung — 149
- Labornetz — 150
- Einrichtung — 151
- Fehlersuche — 158
- Adressumsetzung — 160

IPv6 ... 160
Kompatibilität ... 161
Ausblick ... 161
Zusammenfassung ... 161

10 DNS-Tunnel 163
Funktionsweise ... 163
Laboraufbau ... 165
Vorbereitung ... 166
Einrichtung ... 167
Fehlersuche ... 170
Sicherheit ... 171
Durchsatz ... 172
Clients ... 172
Technischer Hintergrund ... 173
Zusammenfassung ... 174

11 SoftEther VPN 175
Arbeitsweise ... 175
Labor ... 176
Installation ... 176
Site-to-Site-Tunnel ... 178
Remote-Access-VPN ... 183
Fehlersuche ... 186
Technischer Hintergrund ... 186
Ausblick ... 187
Zusammenfassung ... 187

Literaturverzeichnis 189

Stichwortverzeichnis 191

A Zusatzmaterial 197

Einleitung

OpenWrt verwandelt einen funktionsreduzierten Heimrouter in eine vollwertige Linux-Distribution mit Fokus auf Routing, WiFi, Firewall und VPN. Die Bedienung läuft über eine Weboberfläche oder über die Kommandozeile. OpenWrt versteckt keine Features hinter kostenpflichtigen Lizenzen. Mit OpenWrt beherrscht der Router VPN, Firewall, Werbefilter, Gäste-WiFi, Quotas und Lastverteilung.

Dieses Buch ist kein Fachbuch über die Theorie von VPN, sondern ein Buch für Praktiker über die Fähigkeiten von OpenWrt, ein VPN aufzubauen und zu betreiben. Das Buch untersucht nur die Möglichkeiten von OpenWrt und nicht alle Optionen einer Software. Beispielsweise können die *ipsec-tools* aus Kapitel 7 deutlich mehr als das OpenWrt-Startskript implementiert. *Der OpenWrt-Praktiker* soll nicht das jeweilige Handbuch ersetzen, sondern die typischen Anwendungsfälle schildern und mit praktischen Übungen belegen.
Die Kapitel geben einen Einstieg ins Thema und enthalten ein oder zwei Fallbeispiele. Sobald die Grundlagen verstanden sind und das Szenario im eigenen Labor funktioniert, kann der Leser die Aufgabenstellung auf seinen eigenen Use-Case anwenden.

Der erste Band der Buchreihe *Der OpenWrt-Praktiker* vermittelt einen Einstieg in OpenWrt und deckt die Grundlagen ab. Die Kapitel sind eine Bedienungsanleitung, die OpenWrt installieren, Netzschnittstellen einrichten und IP-Adressen vergeben. Nach der initialen Einrichtung behandelt Band 1 auch die Kommandozeile UCI, die Paketverwaltung und die Systemadministration mit Überwachung eines OpenWrt-Geräts. Der erste Band richtet sich an Leser, die mit OpenWrt keine Erfahrung haben und ins Thema einsteigen

Einleitung

wollen. Wer bereits einen OpenWrt-Router im Einsatz hat, kann mit dem zweiten oder dritten Band starten.

Der zweite Band zeigt, welche Möglichkeiten OpenWrt bietet, wie die Software intern arbeitet und welche Dienste aus der Cloud eine mögliche Ergänzung sind. Die Themen sind für Anwender mit Vorkenntnissen konzipiert. Sie vermitteln dem Leser fortgeschrittene Inhalte, Tipps für die Fehlersuche und ein großes Kapitel zur Firewall mit Adressumsetzung.

Der dritte Band behandelt Anwendungsfälle aus der Praxis und liefert die passende Lösung mit OpenWrt. Die Kapitel erklären Mesh-Netze, dynamisches Routing mit OSPF, Hochverfügbarkeit mit VRRP, zentrales Management mit OpenWISP, Werbefilter und WAN-Lastverteilung. Band 3 richtet sich an Anwender mit soliden Grundkenntnissen.

Übersicht

Band 4 beschäftigt sich mit *Virtuellen Privaten Netzwerken*. Kapitel 1 beginnt mit dem Klassiker *IPsec* und den beiden Implementierungen StrongSwan und Libreswan. Anschließend kontert Kapitel 2 mit OpenVPN und deckt damit die beiden bekanntesten Vertreter ab. Der Newcomer WireGuard folgt in Kapitel 3 und macht das Trio komplett.
OpenConnect aus Kapitel 4 ist die Antwort der Community auf kommerzielle VPN-Implementierungen von Cisco, Juniper und Palo Alto. In Kapitel 5 zaubert *Tinc* ein VPN-Mesh über alle Router und findet die kürzesten Wege durch die VPN-Wolke. Ähnlich arbeitet Kapitel 9 mit einem Multipunkt-VPN und dem Ziel, kompatibel zur DMVPN-Lösung von Cisco zu sein. Dazu verwendet OpenWrt die GRE-Technik aus Kapitel 8. Erneut geht es in Kapitel 7 um VPN-Produkte von Cisco, und wie OpenWrt mit Racoon und den *ipsec-tools* Kompatibilität schafft.
Deutlich größere Ziele hat ZeroTier in Kapitel 6 mit der Ansage, ein weltweiter Ethernet-Switch auf VPN-Basis zu sein. In Kapitel 10 versucht *iodine* per DNS-Tunnel eine restriktive Firewall auszutricksen. Den Abschluss macht Kapitel 11 mit *SoftEther VPN*, welches als Allzweckwaffe alle großen VPN-Protokolle unterstützt und die VPN-Router zentral verwaltet.

Was ist VPN?

Wenn zwei entfernte Netze miteinander kommunizieren wollen, dann läuft das klassischerweise über eine eigene Leitung bzw. über ein privates Netzwerk. Ob Standleitung oder Wählverbindung, diese Netzkopplung ist entweder teuer oder langsam.
Die Alternative ist die Verwendung des Internets als verbindendes Element zwischen den eigenen Netzen. Das Internet, als öffentliches Netzwerk, wird als quasi-privates Netz benutzt. Die eigene Verbindung ist nur virtuell als *Virtuelles Privates Netzwerk* (VPN) vorhanden.
OpenWrt bietet verschiedene Methoden, um ein VPN technisch aufzubauen. Die Software implementiert den Schutz der transportierten Daten, die Authentifizierung der VPN-Sitzung, den regelmäßigen Schlüsselaustausch und prüft, ob die Pakete unterwegs verändert wurden.

Labornetz

Alle Kapitel basieren auf einem beispielhaften Netzwerk mit vier OpenWrt-Routern. Abbildung 1 auf Seite 13 stellt das Labornetz als Netzdiagramm dar und ist identisch mit dem Diagramm in den anderen Bänden dieser Buchreihe. Es repräsentiert einen Netzaufbau mit mehreren Standorten. Die Kapitel benutzen meist nur Teile dieses Netzwerks zur Untersuchung. Tabelle 1 auf Seite 12 listet alle IP-Adressen der Router und über welche Netzsegmente sie verbunden sind.

Version

OpenWrt entwickelt sich weiter, unterstützt neue Gerätetypen und erhält weitere Features. Leider kann die Dokumentation mit der Entwicklung nicht immer mithalten und daher verwenden die Bände der Buchreihe *Der OpenWrt-Praktiker* nicht dieselbe Version, sondern benutzen die aktuelle Version von OpenWrt. Folglich können die Abbildungen und Kommandoausgaben zwischen den Bänden und den eigenen Experimenten unterschiedlich ausfallen.

Inhaltsverzeichnis

Gerät	Interface	Funktion/Netz	IPv4	IPv6
RT-1	eth0	Management	10.5.1.1	fd00:5::1
	eth1	Standort-1	10.1.1.1	fd00:1::1
	eth2	WAN-1	198.51.100.1	2001:db8:1::1
	eth3	WAN-2	192.0.2.1	2001:db8:2::1
RT-2	eth0	Management	10.5.1.2	fd00:5::2
	eth1	Standort-2	10.2.1.2	fd00:2::2
	eth2	WAN-3	203.0.113.2	2001:db8:3::2
	eth3	WAN-1	198.51.100.2	2001:db8:1::2
RT-3	eth0	Management	10.5.1.3	fd00:5::3
	eth1	Standort-3	10.3.1.3	fd00:3::3
	eth2	WAN-3	203.0.113.3	2001:db8:3::3
RT-4	eth0	Management	10.5.1.4	fd00:5::4
	eth1	Standort-4	10.4.1.4	fd00:4::4
	eth2	WAN-3	203.0.113.4	2001:db8:3::4
	eth3	WAN-2	192.0.2.4	2001:db8:2::4
labsrv	eth0	Management	10.5.1.7	fd00:5::7
	eth1	Standort-1	10.1.1.7	fd00:1::7

Tabelle 1: Alle Geräte mit Netzadaptern, Funktion und IP-Adressen

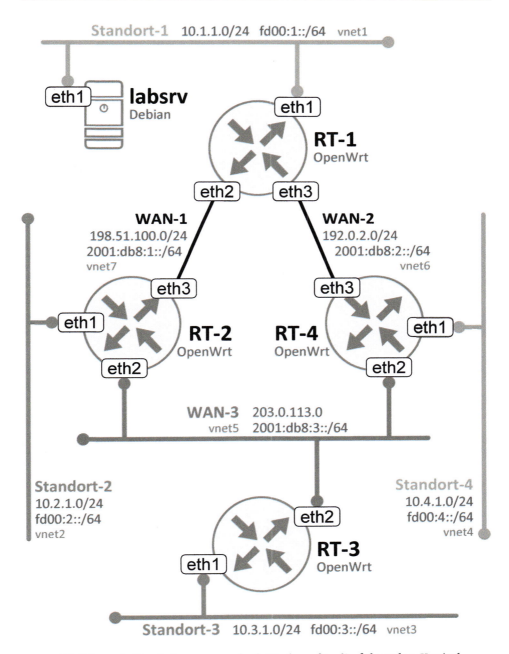

Abbildung 1: Das Labornetzwerk als Vorlage für die folgenden Kapitel

Inhaltsverzeichnis

Kapitel 1

IPsec

IPsec ist der Klassiker für die gesicherte Übertragung zwischen zwei Routern. Dabei ist IPsec keine fertige Software, sondern eine Sammlung von Protokollen, die sich um Vertraulichkeit, Integrität und Authentizität bemühen. Das Ergebnis ist eine abgesicherte Verbindung zwischen privaten Netzen durch das öffentliche Internet. Die damit aufgebaute Netzkopplung ist das *Virtuelle Private Netzwerk* (VPN).
Private Netze haben meist private Adressen, die im Internet nicht transportiert werden. Wer überzeugt die Internet-Router, dass sie Pakete von Standort-1 zu Standort-2 transportieren sollen? Das erledigt ein Tunnel, der die technische Grundlage für ein VPN ist. Der verantwortliche Tunnel-Router in Standort-1 verpackt die ausgehenden IP-Pakete in einen zusätzlichen IP-Header und sendet sie zum Router am anderen Ende des Tunnels in Standort-2. Der innere IP-Header hat die privaten Adressen der Standorte 1 und 2, und der äußere Header hat die öffentlichen Adressen der beiden Tunnel-Router. Der Tunnel-Router von Standort-2 entfernt den äußeren Header vom empfangenen Paket und leitet dessen Inhalt als vollwertiges Paket zum Zielrechner weiter. In Abbildung 1.1 sind zwei kleine Netze per VPN-Tunnel verbunden.
Die Internet-Router sehen nur den äußeren Header und bewegen die VPN-Pakete genau wie alle anderen Pakete. Für sie stellt ein VPN-Paket keine besondere Aufgabe dar, da sie die innere Struktur des Pakets nicht sehen.
Die Teilnehmer der privaten Netze bekommen von der Tunnelei nichts mit. Für sie sind die Gegenstellen im anderen Netz direkt adressierbar.

Kapitel 1. IPsec

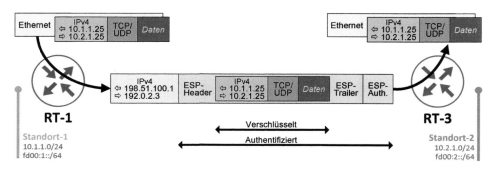

Abbildung 1.1: Ein getunneltes IP-Paket mit seinen Kopfzeilen

Sicherheit

Die übertragenen Pakete fließen durch das unsichere Internet. Dabei passieren sie mehrere Internet Service Provider. Ihr Pfad ist vom Betreiber des VPNs nicht beeinflussbar. Für die Sicherheit der VPN-Verbindung gibt es ein wirksames Rezept gegen neugierige Mitleser: Verschlüsselung.
Im Prinzip ganz einfach: Bevor ein Paket das Internet betritt, wird sein Inhalt verschlüsselt. Und nachdem es das Internet verlässt und das private Netz erreicht, wird der Inhalt wieder entschlüsselt. Abbildung 1.2 zeigt das IP-Paket mit und ohne Sicherung durch IPsec.

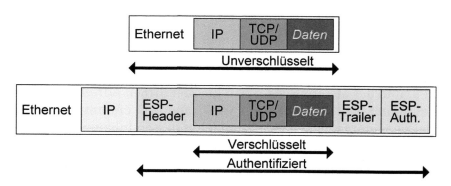

Abbildung 1.2: Ein IP-Paket mit und ohne IPsec-Kopfzeile

Die technische Umsetzung ist schon etwas komplizierter, denn Kryptografie wird nicht einfach nur eingeschaltet. In der Praxis gibt es Kryptoverfahren, Algorithmen, Einwegfunktionen, Schlüsselaustausch und die magische Frage der Authentifizierung. Alle diese Methoden sollen helfen, dass die verschlüsselten Pakete für einen Unbefugten unleserlich sind.

Laboraufbau

Die WAN-Netze stellen das Internet dar, welches keine privaten IP-Adressen transportiert. Die Standortnetze sollen mithilfe der OpenWrt-Router und VPN-Tunnel kommunizieren. Der erste VPN-Tunnel führt von RT-1 zu RT-3 und eine weitere VPN-Beziehung reicht von RT-1 zu RT-2. Der Aufbau ist in Abbildung 1.3 dargestellt.

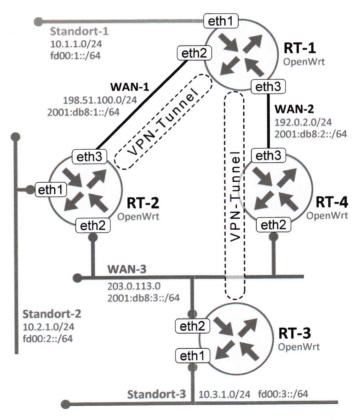

Abbildung 1.3: VPN-Tunnel verbinden die Standortnetze über das Internet

In der Praxis könnte zwischen den Tunnelendpunkten ein Router mittels Adressumsetzung (vgl. Kap. 2 aus Band 2) die IP-Adressen verändern. Darauf reagiert IPsec sehr allergisch und verweigert der Gegenstelle die Authentifizierung. Für dieses Szenario wird RT-4 im Datenpfad zwischen RT-1 und RT-3 sitzen und später die Adressen der Pakete so manipulieren, wie es ein DSL-Router für seine angeschlossenen Clients erledigt. Ausgehende Pakete von RT-3 erhalten beim Passieren von RT-4 eine andere Absenderadresse und erreichen RT-1 mit falscher Identität.

Der Router RT-1 ist über mehrere Leitungen mit dem Internet verbunden. Grund genug zwei redundante VPN-Tunnel zu erstellen, die einen Ausfallschutz der Internetverbindung schaffen. Wie erkennt ein VPN-Tunnel, dass sein Partner nicht mehr erreichbar ist? Die Erkennung von toten Gegenstellen (Dead Peer Detection, DPD) ist Voraussetzung für ein Umschalten von der primären VPN-Verbindung auf den Backup-Tunnel.

Installation

OpenWrt hat mehrere Anbieter im Katalog, die eine IPsec-Implementierung liefern. Dieses Kapitel stützt sich auf *StrongSwan*, da es vielseitig ist und die meisten Use-Cases abdeckt. Am Ende folgt ein kurzer Abstecher zur Alternative *Libreswan*.
Das Software-Repository enthält über 80 Pakete mit `strongswan` im Namen. Die Paketbauer unterteilen das Gesamtpaket in einzelne Bausteine und Module, sodass nur exakt die Pakete installiert werden, die das zukünftige VPN-Gateway benötigt. Für das beispielhafte Szenario reicht eine minimale Auswahl, welches die wichtigsten Komponenten bereitstellt:

```
opkg update
opkg install strongswan-minimal
```

Verbindungsaufbau

Der Aufbau eines VPN-Tunnels ist aufwendiger als der Dreiwegeaufbau im TCP-Protokoll, da sich die Parteien über Verschlüsselung, Authentifizierung,

IP-Netze und Gültigkeit der Verbindung einigen müssen. Für die Aushandlung dieser Parameter hat sich das Protokoll *Internet Key Exchange* (IKE) durchgesetzt.

Die Konfiguration einer IPsec-Verbindung bei OpenWrt läuft in fünf Schritten ab:

1. Vorschlag für IKE-Phase 1 anlegen,
2. Vorschlag für IKE-Phase 2 anlegen,
3. Tunnel anlegen (benötigt einen Vorschlag für Phase 2),
4. Gegenstelle anlegen (benötigt einen oder mehrere Tunnel, sowie einen Vorschlag für Phase 1),
5. Konfiguration aktivieren.

Vorab erhält das UCI etwas Vorbereitung und die allgemeinen Einstellungen der IPsec-Umgebung:

```
touch /etc/config/ipsec
uci add ipsec ipsec
uci add_list ipsec.@ipsec[0].listen=''
```

Ohne weitere Konfiguration verwendet OpenWrt die neuere IKE-Version 2. Wenn ein VPN-Tunnel zu einer älteren Gegenstelle führt, schaltet der folgende UCI-Befehl für den jeweiligen Partner auf Version 1 um:

```
uci set ipsec.rt3_lan.keyexchange=ikev1
```

Der weitere Ablauf ist beispielhaft für Router RT-1. Auf der Gegenseite benötigt RT-3 eine entsprechende Anpassung bei den Subnetzen und bei der Gegenstelle.

1. Internet Key Exchange (IKE), Phase 1.
   In diesem ersten Schritt der Verhandlung authentifizieren sich die beiden Router gegenseitig und bilden eine „Steuerungs"-Verbindung (Security Association, SA). Das gelingt nur, wenn die gewählten Einstellungen für Diffie-Hellman-Gruppe (DH), Schlüsselalgorithmus, Hashverfahren und Schlüssel harmonieren. Das Ziel der Phase 1 ist eine gesicherte und verschlüsselte Verbindung zwischen den VPN-Partnern, durch die die Werte für den eigentlichen VPN-Tunnel in Phase 2 sicher verhandelt werden können.

> **Hinweis**
>
> Für die Wahl der Kryptoalgorithmen gilt die Faustregel: Je höher die Zahl, desto stärker die Verschlüsselung und desto mehr Rechenleistung benötigt die Routerhardware.

Ein Vorschlag zur Phase 1 mit akzeptablem Sicherheitsniveau enthält die beliebte Kombination aus AES und SHA:

```
uci add ipsec crypto_proposal
uci rename ipsec.@crypto_proposal[-1]=p1_aes_sha
uci set ipsec.p1_aes_sha.encryption_algorithm=aes128
uci set ipsec.p1_aes_sha.hash_algorithm=sha256
uci set ipsec.p1_aes_sha.dh_group=modp2048
```

> **Hinweis**
>
> Ohne einen konfigurierten Vorschlag verwendet StrongSwan eine Kombination aus AES128, SHA256 und modp3072.

2. Internet Key Exchange (IKE), Phase 2.
   In der zweiten Phase verhandeln die Router eine „Daten"-Verbindung. Wenn die Angebote (Proposal) der VPN-Gateways übereinstimmen, werden über diese Datenverbindung die IP-Pakete der Anwender transportiert.

```
uci add ipsec crypto_proposal
uci rename ipsec.@crypto_proposal[-1]=p2_aes_sha
uci set ipsec.p2_aes_sha.hash_algorithm=sha256
uci set ipsec.p2_aes_sha.encryption_algorithm=aes256
uci set ipsec.p2_aes_sha.dh_group=modp4096
```

> **Hinweis**
>
> Wenn die Konfiguration keine Settings für die Phase 2 enthält, fällt StrongSwan auf AES128 mit SHA256 zurück.

3. In dieser IKE-Phase erhält der VPN-Tunnel auch die Information, welche lokalen IP-Netze den Tunnel verwenden dürfen und welche IP-Präfixe hinter dem Tunnel erreicht werden können.

```
uci add ipsec tunnel
uci rename ipsec.@tunnel[-1]=rt3_lan
uci set ipsec.rt3_lan.local_subnet=10.1.1.0/24
uci set ipsec.rt3_lan.remote_subnet=10.3.1.0/24
uci set ipsec.rt3_lan.crypto_proposal=p2_aes_sha
```

4. **Gegenstelle festlegen.** Die Einrichtung des Gegenübers enthält nicht nur deren IP-Adresse, sondern auch die konfigurierten Settings für Phase 1, Phase 2, die IP-Netze hinter dem Tunnel, sowie eine Authentifizierungsform. Die Qual der Wahl fällt bei RT-1 auf die folgenden Einstellungen:

```
uci add ipsec remote
uci rename ipsec.@remote[-1]=rt3
uci set ipsec.rt3.enabled=1
uci set ipsec.rt3.gateway=203.0.113.3
uci set ipsec.rt3.authentication_method=psk
uci set ipsec.rt3.pre_shared_key=OpenWrtPraktiker
uci add_list ipsec.rt3.crypto_proposal=p1_aes_sha
uci add_list ipsec.rt3.tunnel=rt3_lan
```

Die Gegenstelle (remote) enthält einen Vorschlag für die Phase-1 (crypto_proposal) und einen Tunnel (tunnel), welcher wiederum einen Phase-2-Vorschlag beinhaltet.

5. Nach der finalen Bestätigung per `uci commit` folgt der **Startschuss** mit:

```
service ipsec restart
```

Kurz darauf versucht der Router mit seiner Gegenstelle 203.0.113.3 in die Phase 1 einzusteigen und die Verhandlung über Verschlüsselungsalgorithmus und Schlüssellänge zu führen.

Für die Einrichtung des VPNs auf Router RT-3 ändern sich lediglich die Objekte `tunnel` und `remote`. Falls die VPN-Beziehung mehrere IP-Netze transportieren soll, benötigen die OpenWrt-Router mehrere `tunnel`-Objekte, die bei `remote` aufgeführt werden.

> **Aggressive- oder Main-Mode?**
>
> Ältere IPsec-Implementierungen sprechen IKE in der Version 1 (vgl. Kap. 7). Diese unterscheidet in der Phase 1 zwischen Main-Modus und Aggressive-Modus, wobei jeder Modus seine Vorteile in verschiedenen Einsatzgebieten ausspielen kann.
> OpenWrt benutzt StrongSwan, welcher IKEv2 mitbringt. Diese neue IKE-Version unterscheidet nicht mehr zwischen den beiden Modi. IKEv2 ersetzt IKEv1 und enthält viele Erweiterungen, die sich im Laufe der Jahre in das IKE-Protokoll hineingeschmuggelt haben: NAT-Traversal (siehe Seite 25), Dead Peer Detection (siehe Seite 27), Configuration-Payload (siehe Seite 132) und MOBIKE.

Firewall

Damit sind die IPsec-Tunnel zwischen RT-1 und RT-3 eingerichtet, und die Gateways versuchen sich gegenseitig zu erreichen. Der Paketfilter (vgl. Kap. 1 aus Band 2) muss unbedingt in dieses Vorhaben eingeweiht werden, damit er die Pakete nicht sperrt.
OpenWrt hat zwar ein paar Einträge zu VPN im Regelwerk hinterlegt, aber diese beziehen sich auf Zugriffe von außen in die LAN-Zone. Im Zweifel sollten eigene Firewallregeln das Problem bewältigen und ankommende VPN-Pakete erlauben. IPsec-VPN-Tunnel benutzen das UDP-Protokoll mit Port 500 zum Aushandeln der Verbindung. Anschließend verwenden die Nutzdaten die Protokolle *Encapsulated Security Payload* (ESP), *Authentication Header* (AH), oder einfach nur den UDP-Port 4500, wenn NAT-Traversal (siehe Abschnitt *Address Translation* auf Seite 25) ein NAT-Gateway entdeckt hat. Die Regeln zum Erlauben dieser Ports und Protokolle sind in Listing 1.1 dargestellt.
In der Voreinstellung erlaubt der Paketfilter von OpenWrt bereits ausgehende IP-Pakete von der LAN-Zone in die WAN-Zone. Weiterhin wird OpenWrt die Quelladresse von ausgehenden IP-Paketen so verändern, dass sie zum WAN-Netz passt. Unglücklicherweise verhindert dieses Verhalten den Datenverkehr *durch* den VPN-Tunnel.
Die Ursache liegt im Netfilter-Framework des Linux-Kernels. Dort ist festgelegt, dass die Adressumsetzung *vor* der Verschlüsselung erfolgt. Sobald

```
uci add firewall rule
uci set firewall.@rule[-1].target=ACCEPT
uci add_list firewall.@rule[-1].proto=esp
uci set firewall.@rule[-1].name=Allow-IPsec-ESP
uci set firewall.@rule[-1].src=wan

uci add firewall rule
uci set firewall.@rule[-1].dest_port='500 4500'
uci set firewall.@rule[-1].src=wan
uci set firewall.@rule[-1].name=Allow-IPsec-IKE
uci set firewall.@rule[-1].target=ACCEPT
uci add_list firewall.@rule[-1].proto=udp

uci commit firewall
service firewall restart
```

Listing 1.1: Die Firewall von OpenWrt erlaubt IPsec-VPN-Tunnel

Netfilter die Quell-IP-Adresse des Pakets von der LAN-IPv4 10.1.1.X in die WAN-IPv4 192.0.2.1 geändert hat, passt die neue Adresse nicht mehr zu den schützenswerten IP-Netzen, welche die Router in der Phase 2 auf Seite 21 ausgemacht haben. Als Folge wird Netfilter das Paket *unverschlüsselt* auf die Reise ins WAN-Netz schicken.

Abhilfe schafft ein Kommando für Netfilter, das die Adressumsetzung für jene IP-Pakete verhindert, die für einen VPN-Tunnel vorgesehen sind. Die Anweisung dazu findet sich weder in LuCI, noch im UCI, sondern kommt als `iptables`-Befehl daher:

```
iptables -t nat -I POSTROUTING -m policy --pol ipsec \
  --dir out -j ACCEPT
```

Damit die Anweisung dauerhafter Bestandteil der OpenWrt-Firewall wird, sollte sie einen Ehrenplatz in der Datei `/etc/firewall.user` erhalten. Der Eintrag dazu ist über LuCI bei *Netzwerk → Firewall → Benutzerdefinierte Regeln* möglich.

Dieser kleine Exkurs in die Untiefen von Netfilter hat gezeigt, dass eine VPN-Verbindung datenlos bleibt, auch wenn die Konfiguration (scheinbar) korrekt ist.

OpenWrt lässt seine Filterfunktion auch *innerhalb* des VPN-Tunnels wirken. Die Firewallregeln beziehen sich dabei auf interne IP-Adressen und filtern Pakete, die *durch* den Tunnel fließen.
Als zonenbasierte Firewall kann OpenWrt dem VPN-Tunnel eine weitere Firewallzone spendieren und darüber den Datenverkehr kontrollieren. Im einfachsten Fall lässt das Regelwerk alle Pakete aus dem entfernten Netz durch die IPsec-Verbindung passieren, wie es in Listing 1.2 konfiguriert ist.

```
1  uci set ipsec.@ipsec[0].vpn=vpn

2  uci add firewall zone
3  uci add_list firewall.@zone[-1].subnet='10.0.0.0/8'
4  uci add_list firewall.@zone[-1].subnet='fd00::/16'
5  uci set firewall.@zone[-1].name='vpn'
6  uci set firewall.@zone[-1].input='ACCEPT'
7  uci set firewall.@zone[-1].forward='ACCEPT'
8  uci set firewall.@zone[-1].output='ACCEPT'
9  uci add firewall forwarding
10 uci set firewall.@forwarding[-1].dest='lan'
11 uci set firewall.@forwarding[-1].src='vpn'
12 uci add firewall forwarding
13 uci set firewall.@forwarding[-1].dest='vpn'
14 uci set firewall.@forwarding[-1].src='lan'

15 uci commit ; service firewall restart
```

Listing 1.2: Eine neue Firewallzone für VPN-Tunnel entsteht

Damit das funktioniert, muss sich der VPN-Tunnel in Zeile 1 in die neue Firewallzone *vpn* begeben. In diesem Beispiel klassifiziert der Paketfilter alle Pakete aus den IP-Netzen in den Zeilen 3 und 4 als VPN-Verkehr und behandelt sie anhand der Zonenrichtlinie.
Der Einsatz eines zusätzlichen Regelwerks ist üblich, wenn sich hinter dem gegnerischen VPN-Router ein unbekanntes Fremdnetz verbirgt, z. B. von einem Partnerunternehmen. Beispielsweise könnte Router RT-1 nur Zugriffe auf bestimmte IP-Adressen seines Standorts erlauben.
Andersherum könnte es, je nach Szenario, Sinn machen, den Netzverkehr durch den VPN-Tunnel in *aus*gehender Richtung zu filtern. Dann dürfen nur bestimmte Verbindungen den Tunnel betreten.

Status

Wenn alle Teilbereiche der VPN-Verbindung korrekt eingerichtet sind, sollte das `ipsec status`-Kommando mit Verbindungsinformationen loben. Listing 1.3 zeigt die ausgehandelte VPN-Verbindung zwischen RT-1 und RT-3. Mit dem Zusatz `statusall` liefert die Konsole auch die übertragenen Pakete und Byte, sowie die verwendeten Algorithmen für Verschlüsselung und Hashing.

```
root@RT-1:~# ipsec status
Routed Connections:
  rt3-rt3_lan{1}:   ROUTED, TUNNEL, reqid 1
  rt3-rt3_lan{1}:   10.1.1.0/24 === 10.3.1.0/24
Security Associations (1 up, 0 connecting):
  rt3-rt3_lan[1]: ESTABLISHED 3 minutes ago, \
    192.0.2.1[192.0.2.1]...203.0.113.3[203.0.113.3]
  rt3-rt3_lan{3}:   INSTALLED, TUNNEL, reqid 1, ESP SPIs: [...]
  rt3-rt3_lan{3}:   10.1.1.0/24 === 10.3.1.0/24
```

Listing 1.3: Der `ipsec`-Befehl bestätigt einen aufgebauten Tunnel

Ein erfolgreich aufgebauter VPN-Tunnel zeigt sich als Status *ESTABLISHED* und liefert bei `statusall` positive Werte für ein- und ausgehende Byte.

Address Translation

Wenn im Pfad zwischen den VPN-Partnern ein Router die IP-Adresse verändert (NAT, vgl. Kap. 2 aus Band 2), steht IPsec mit IKEv1 vor einem Problem, denn es kann nicht zwischen einer gewollten IP-Änderung und einer bösartigen Manipulation des Paketinhalts unterscheiden. Als Folge wird die VPN-Verbindung scheitern.

Da NAT in vielen Umgebungen eher die Regel als die Ausnahme ist, benutzen IPsec-Gateways dafür NAT-Traversal. Dabei verpackt das Gateway seine ausgehenden IPsec-Pakete in unscheinbaren UDP-Datagrammen, die adressverändernde Router und Firewalls passieren können. Das originale IPsec-Paket bleibt unverändert, sodass alle Prüfsummen und Signaturen stimmen.

Kapitel 1. IPsec

Das Laborgerät RT-4 stellt das Hindernis der Adressumsetzung dar, indem es die Pakete von RT-3 mit seiner eigenen IP-Adresse vom Interface *eth3* überschreibt. Die Konfiguration ist in Abbildung 1.4 dargestellt.

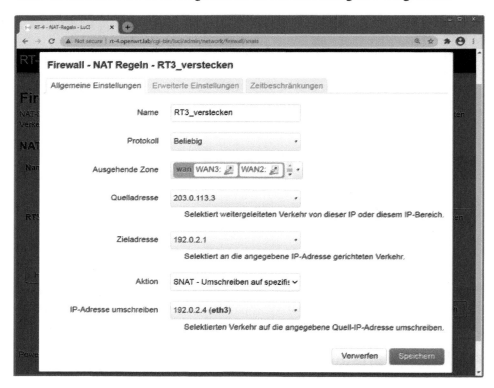

Abbildung 1.4: Adressumsetzungen sind Stolpersteine für IPsec

Der VPN-Tunnel zwischen RT-1 und RT-3 wird kurz nach dem Aufbau keine Daten mehr transportieren, da keine Pakete von der ausgehandelten IPv4-Adresse bei RT-1 ankommen.
Router RT-1 muss seinen Partner durch andere Kriterien erkennen, als anhand der Absenderadresse. Die elegante und geschützte Variante ist die Identifizierung des VPN-Partners mittels einer Kennung. Im einfachsten Fall ist diese Kennung die IP-Adresse der Gegenstelle. Erlaubt sind beliebige Buchstabenkombinationen. Hiermit entsteht ein Stück mehr Sicherheit, wenn es darum geht, die Anmeldeversuche von unbekannten VPN-Partnern zu verhindern, bevor sie den *Pre-shared Key* erraten dürfen.

Welche Änderungen an der VPN-Konfiguration sind notwendig, wenn die Adressen unterwegs manipuliert werden? Zuerst akzeptiert Router RT-1 sein Gegenüber anhand einer beliebigen IP-Adresse:

```
uci set ipsec.rt3.gateway=any
```

Mit den Einstellungen aus Listing 1.4 erwartet RT-1 von seiner Gegenstelle eine Kennung, um Anfragen adressneutral zu beantworten. Damit erkennt RT-1 den Autor der IKE-Pakete, auch wenn die IPv4-Adresse der ankommenden Pakete unterwegs durch NAT verändert wurde. RT-1 wird sich ebenfalls nicht mehr mit seiner IP-Adresse, sondern mit einer Kennung identifizieren. Router RT-3 benötigt eine entsprechende Konfiguration mit vertauschten Kennungen.

```
uci set ipsec.rt3.local_identifier=Kennung_von_RT1
uci set ipsec.rt3.remote_identifier=Kennung_von_RT3
```

Listing 1.4: Router RT-1 verlangt die richtige Kennung von seinem Partner

Die Suche nach einer Adressumsetzung machen beide VPN-Router automatisch. Bereits beim Verbindungsaufbau versuchen die Geräte eine Adressumsetzung zwischen ihnen zu entdecken. Sobald einer von ihnen ein NAT-Gateway erkennt, verpacken beide die VPN-Pakete in UDP-Datagrammen.

Dead Peer Detection

Die Überprüfung des VPN-Tunnels auf Funktionalität hat einen zutreffenden Namen. Bei der Erkennung von ausgefallenen Gegenstellen sendet jeder Router ein Lebenszeichen an seinen VPN-Partner und wartet auf Antwort. Setzen diese Herzschläge für eine festgelegte Zeit aus, wird der Tunnel beendet. Ohne die *Dead Peer Detection* (DPD) läuft der fehlerhafte Tunnel noch solange sinnlos weiter, bis seine Lebensdauer überschritten ist und ein neuer Tunnel ausgehandelt wird. Und das könnte noch mehrere Stunden dauern.

Eine schnelle Fehlererkennung ist wichtig, damit das Gateway rechtzeitig reagieren kann. Dann startet der IPsec-Prozess unmittelbar einen neuen

Kapitel 1. IPsec

Tunnelaufbau oder das Routingprotokoll kümmert sich um einen alternativen Pfad zum Zielnetz.
Kurz gesagt ist DPD ein *ipsec-ping*, das beim Ausfall handeln kann. Die Konfiguration erwartet die Angabe eines Zeitintervalls zwischen zwei Pings und eine Maßnahme, die bei ausbleibenden Lebenszeichen durchgeführt wird. Bei der Aktion `restart` aus Listing 1.5 verwirft der Router diesen Tunnel und verhandelt einen Nachfolgetunnel.

```
uci set ipsec.rt3_lan.dpdaction=restart
uci set ipsec.rt3_lan.dpddelay=30s
```

Listing 1.5: Dead Peer Detection erkennt unerreichbare Gegenstellen

IPv6

IPsec ist ein Sicherheitsprotokoll aus dem Reich von IPv6. Auf vielfachen Wunsch wurde dies nachträglich auch für IPv4 spezifiziert. Anfangs sollte jedes IPv6-Endgerät zwingend per IPsec kommunizieren können, aber im Laufe der Entwicklung wurde diese Anforderung gelockert und IPsec wurde von einem *muss* zu einem *sollte* herabgestuft.
Ein OpenWrt-Router ist gerne bereit, die Kommunikation zwischen zwei IPv6-Standorten mit IPsec zu sichern. Aus der Sicht von IPsec ändern sich in der Konfiguration (Listing 1.6) lediglich die IP-Adressen der VPN-Partner und die Definition der Präfixe. Kurz: IPv4-Adressen austauschen gegen IPv6-Adressen.

```
uci set ipsec.rt3.gateway=2001:db8:3::3
uci set ipsec.rt3_lan.local_subnet=fd00:1::/64
uci set ipsec.rt3_lan.remote_subnet=fd00:3::/64
```

Listing 1.6: RT-1 wird zum IPv6-VPN-Gateway und transportiert IPv6-Präfixe

Ein neuer VPN-Tunnel auf Router RT-1 kann dieselben Werte für Authentifizierung, Algorithmen und Schlüsselaustausch haben. Nach der Einrichtung des IPv6-Tunnels auf RT-1 und RT-3 erreichen die Clients aus Standortnetz 1 (fd00:1::/64) ihre Nachbarn in Standort 3 (fd00:3::/64). Die Routenverfolgung zwischen den Standorten zeigt unterwegs die passierenden Gateways:

```
root@labsrv:~# traceroute fd00:3::99
traceroute to fd00:3::99 (fd00:3::99), 30 hops max [...]
 1  fd00:1::1  (fd00:1::1)   0.573 ms   0.456 ms   0.418 ms
 2  fd00:3::3  (fd00:3::3)   1.696 ms   1.681 ms   1.649 ms
 3  fd00:3::99 (fd00:3::99) 12.647 ms  12.623 ms  13.066 ms
```

Die Statusübersicht der Tunnel bringt dieselben Ausgaben wie in Listing 1.3 auf Seite 25, allerdings mit den längeren IPv6-Adressen als Tunnelendpunkt. Und wenn die Firewall nach Listing 1.2 eingerichtet wurde, dann ist auch ihr Regelwerk bereits vorbereitet auf IPv6-Verbindungen.

Tunnel-Interface

Der aufgebaute VPN-Tunnel hat kein *Interface*. Die Liste der Netzadapter bei *Netzwerk → Schnittstellen* führt keinen Eintrag zum VPN-Tunnel und auch `ifconfig` auf der Kommandozeile listet nur die bekannten Schnittstellen. Der Linux-Kernel und sein Netfilter-Framework verarbeiten IPsec-Pakete *richtlinienbasiert*. Ob ein Paket verschlüsselt wird, entscheidet nicht nur die Routingtabelle, sondern auch die *Security Policy Database* (SPD). Wenn eine Richtlinie existiert, wird der Kernel die passende *Security Association* verwenden, um das Paket vor dem Versand zu verschlüsseln. Ein Tunnel-Interface ist dafür nicht notwendig – aber möglich.

Mit einem virtuellen Tunnel-Interface erhält der Router einen virtuellen Netzadapter für den VPN-Tunnel. Das Tunnel-Interface ist ein *Zusatz* für die bestehende IPsec-Verbindung, welche den Tunnel zum *Route-based VPN* macht. Damit kann das neue Tunnel-Interface eine IP-Adresse haben und als Ziel in der Routingtabelle stehen.

OpenWrt bietet zwei Möglichkeiten, den VPN-Tunnel mit einem Interface zu versehen: *Virtual Tunnel Interface* (VTI) und *Generic Routing Encapsulation* (GRE, vgl. Kap. 8). Da die offiziellen Dokumentationen von StrongSwan und OpenWrt verstärkt auf VTI eingehen, konzentriert sich dieser Abschnitt auf GRE und greift damit Kapitel 8 vorweg, welches sich mit den Details eines GRE-Tunnels befasst.

Dort verläuft der GRE-Tunnel ab Seite 142 unverschlüsselt zwischen RT-1 und RT-2 über das WAN-1-Netz. Mit einer entsprechenden IPsec-Policy lässt

Kapitel 1. IPsec

sich der Tunnel absichern, und gleichzeitig erhält die IPsec-Verbindung das gewünschte Tunnel-Interface.

Die IPsec-Richtlinie in Listing 1.7 erstreckt sich dabei ausschließlich auf die WAN-IP-Adressen der Router, sowie auf das GRE-Protokoll. Andere Verbindungen ignoriert die Policy.

```
1  uci add ipsec transport
2  uci rename ipsec.@transport[-1]=rt2_t
3  uci set ipsec.rt2_t.local_subnet=%dynamic[gre]
4  uci set ipsec.rt2_t.remote_subnet=%dynamic[gre]
5  uci set ipsec.rt2_t.mode=start

6  uci add ipsec remote
7  uci rename ipsec.@remote[-1]=rt2_gre
8  uci set ipsec.rt2_gre.enabled=1
9  uci set ipsec.rt2_gre.gateway=198.51.100.2
10 uci set ipsec.rt2_gre.authentication_method=psk
11 uci set ipsec.rt2_gre.pre_shared_key=OpenWrtPraktiker
12 uci add_list ipsec.rt2_gre.transport=rt2_t
```

Listing 1.7: Die IPsec-Richtlinie sichert den GRE-Tunnel von Router RT-1

Die Konfiguration unterscheidet sich dabei nur in zwei Punkten. Die transportierten Netze in den Zeilen 3 und 4 enthalten keine IP-Netze, sondern die Angabe eines Protokolls. Der zweite Unterschied ist der Transport-Modus in den Zeilen 1 und 12. In diesem Modus sichern die VPN-Endpunkte nur ihren eigenen Datenverkehr. Der damit eingesparte Platz in den Kopfzeilen belegt nun der zusätzliche GRE-Header, sodass die Pakete dieselbe Größe haben [1].

Das `ipsec`-Kommando auf RT-2 bestätigt eine etablierte IPsec-Verbindung, die lediglich GRE-Pakete mit RT-1 absichert.

```
root@RT-2:~# ipsec status
Security Associations (1 up, 0 connecting):
rt1_vti-rt1_t[5]: ESTABLISHED 4 minutes ago, \
   198.51.100.2[198.51.100.2]...198.51.100.1[198.51.100.1]
rt1_vti-rt1_t{2}:  INSTALLED, TRANSPORT, reqid 2, ESP SPIs: \
   cf30ed9c_i cc8bdeef_o
rt1_vti-rt1_t{2}:     198.51.100.2/32[gre] === 198.51.100.1/32[gre]
```

Damit ist der routenbasierte VPN-Tunnel fertig, wird aber vom Kernel nicht verwendet. Die Ursache liegt im Konzept: Der Linux-Kernel wird Pakete nur dann in den GRE-Tunnel schicken, wenn die Routingtabelle das vorschreibt. Auf den beiden Geräten RT-1 und RT-2 fehlt noch die Route in das Standortnetz des jeweiligen Partners. Abbildung 1.5 zeigt die Route zu Standort-2 durch den Tunnel. Die Angabe eines Gateways ist nicht notwendig, da der Tunnel nur *eine* Gegenstelle hat.

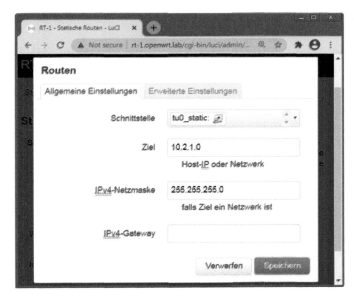

Abbildung 1.5: Die IP-Route führt in den GRE-Tunnel

Authentifizierung

Der verwendete Pre-shared Key von Seite 21 ist die schwächste Form, um einen VPN-Tunnel zu sichern. Mehr Sicherheit bieten RSA-Schlüssel und Zertifikate, die in den folgenden Abschnitten kurz angesprochen werden. Der Konfigurationsbefehl uci von OpenWrt unterstützt weder die Authentifizierung per RSA-Schlüssel noch die mit Zertifikaten. Dennoch ist ihr Einsatz möglich, wenn auf UCI verzichtet wird, und die Einrichtung direkt in der Konfigurationsdatei von StrongSwan stattfindet.

RSA-Schlüssel

Ein RSA-Schlüssel besteht aus einem privaten Schlüssel und einem öffentlichen Schlüssel. Der private Schlüssel verbleibt auf dem lokalen Router und den öffentlichen Schlüssel erhält die Gegenstelle für die Authentifizierung. Für einen VPN-Tunnel existieren demnach *zwei* Schlüsselpärchen, je eins pro Router. Der Schlüsselaustausch besteht aus einem Hin-und-her-Kopieren der Schlüsseldateien vor dem ersten Verbindungsaufbau. Dieser Umstand macht den RSA-Schlüssel aufwendiger als den Pre-shared Key.

Der folgende Ablauf macht Router RT-1 fit für RSA-Schlüssel. Der Vorgang für RT-3 unterscheidet sich nur durch die Dateinamen.

1. Privaten Schlüssel erstellen. Das `ipsec`-Kommando generiert einen frischen Schlüssel und legt ihn dort ab, wo StrongSwan die privaten Schlüssel erwartet:

   ```
   ipsec pki --gen -s 4096 --outform pem \
     > /etc/ipsec.d/private/rt1.key
   ```

2. Öffentlichen Schlüssel ermitteln. Der öffentliche Schlüssel leitet sich aus dem privaten Schlüssel ab:

   ```
   ipsec pki --pub < /etc/ipsec.d/private/rt1.key \
     > /etc/ipsec.d/certs/rt1.pub
   ```

3. RSA-Schlüssel für die Authentifizierung verwenden.

   ```
   cat <<EOF >> /var/ipsec/ipsec.secrets
   : RSA rt1.key
   EOF
   ```

4. Schlüsselaustausch. Der Inhalt von `rt1.pub` muss auf einem sicheren Weg im Dateisystem von RT-3 ankommen – und umgekehrt. Im Labornetz besteht diese Aufgabe aus einem Aufruf von `scp`. Im praktischen Einsatz ist stets darauf zu achten, dass der Schlüssel nicht per unverschlüsselter E-Mail oder per Telnet verteilt wird.

5. Öffentlichen Schlüssel der Gegenstelle verwenden. Die Schlüsseldatei `rt3.pub` liegt nach dem Schlüsseltausch im Dateisystem von RT-1. Die Änderung erfolgt ohne UCI direkt in der Konfigurationsdatei `ipsec.conf` von StrongSwan:

Authentifizierung

```
sed -i -e 's/leftauth=.*/leftauth=pubkey/' \
    /var/ipsec/ipsec.conf
sed -i -e 's/rightauth=.*/rightauth=pubkey\
    rightsigkey=rt3.pub/' /var/ipsec/ipsec.conf
```

6. Konfiguration anwenden. Der knappe Befehl `ipsec restart` triggert einen neuen Tunnelaufbau – diesmal mit RSA-Schlüsseln.

> **Hinweis**
>
> Der OpenWrt-Befehl `service ipsec restart` wird die Konfigurationsdatei `ipsec.conf` neu erstellen und die eigenen Änderungen damit ungefragt überschreiben.

Wenn beide Router sich per RSA-Schlüssel ausgewiesen haben, wird der Befehl `ipsec statusall` dies bestätigen. Die Bezeichnung von **cert** für die Schlüsseldatei ist hier nicht ganz korrekt und greift dem nächsten Abschnitt vorweg.

```
Connections:
   rt3-rt3_lan:  %any...203.0.113.3  IKEv2
   rt3-rt3_lan:  local:   [RT1] uses public key authentication
   rt3-rt3_lan:  cert:    "RT1"
   rt3-rt3_lan:  remote:  [RT3] uses public key authentication
   rt3-rt3_lan:  cert:    "RT3"
   rt3-rt3_lan:  child:   10.1.1.0/24 === 10.3.1.0/24 TUNNEL
```

Zertifikate

Die Königsklasse der Authentifizierung sind Zertifikate. Das gilt nicht nur für ihre Sicherheit, sondern auch für den erhöhten Aufwand beim Erstellen, Verteilen, Erneuern und Annullieren.

Eine Zertifikatsautorität (Certificate Authority, CA) erstellt die Zertifikate. StrongSwan bietet das Kommando `pki`, um eine neue CA zu gründen und anschließend Zertifikate auszustellen. Alternativ dazu eignet sich auch die Easy-RSA aus Kapitel 2.

OpenWrt verpackt alle Komponenten rund um die Zertifikate in mehrere Pakete:

```
opkg install strongswan-pki strongswan-mod-revocation \
    strongswan-mod-x509 strongswan-mod-pem
```

Kapitel 1. IPsec

Anschließend erstellt der `pki`-Befehl einen privaten Schlüssel, signiert diesen selbst und erstellt damit das Zertifikat für die neue CA:

```
pki --gen > /etc/ipsec.d/private/ca.key
pki --self --in /etc/ipsec.d/private/ca.key --lifetime 3650 \
  --dn "C=DE, O=DerOpenWrtPraktiker, CN=OpenWrt CA" --ca \
  > /etc/ipsec.d/cacerts/ca.crt
```

Daraufhin erhalten die Router ihr Crypto-Material. Jeder Router benötigt für die Authentifizierung per Zertifikat drei Dateien:

- Das Zertifikat der Zertifizierungsstelle in /etc/ipsec.d/cacerts/
- Das eigene Zertifikat im Verzeichnis /etc/ipsec.d/certs/
- Den eigenen privaten Schlüssel in /etc/ipsec.d/private/

Um die Schlüsseldateien und Zertifikate kümmert sich erneut der `pki`-Befehl – am Beispiel von RT-1:

```
pki --gen > /etc/ipsec.d/private/rt1.key
pki --issue --in /etc/ipsec.d/private/rt1.key --type priv \
  --cacert /etc/ipsec.d/cacerts/ca.crt \
  --cakey /etc/ipsec.d/private/ca.key \
  --dn "C=DE, O=DerOpenWrtPraktiker, CN=rt1" \
  --san rt1.openwrt.lab  > /etc/ipsec.d/certs/rt1.crt
```

Sobald das Schlüsselmaterial erstellt ist und auf beiden Routern vorliegt, folgt die Konfiguration von StrongSwan. Die Datei /var/ipsec/ipsec.conf benötigt die Änderungen aus Listing 1.8.

```
1   leftcert=rt1.crt
2   leftauth=pubkey
3   rightid="C=DE, O=DerOpenWrtPraktiker, CN=rt2"
```

Listing 1.8: StrongSwan benutzt Zertifikate für die Authentifizierung

Dort legt Zeile 1 fest, dass der lokale Router die angegebene Zertifikatsdatei für die Authentifizierung verwendet. Den passenden privaten Schlüssel erfährt StrongSwan über die Datei /var/ipsec/ipsec.secrets und den

Authentifizierung

```
: RSA rt1.key
```

Listing 1.9: Die Datei `ipsec.secrets` benötigt die Angabe des privaten Schlüssels

Inhalt aus Listing 1.9. Als Gegenstelle erwartet RT-1 ein VPN-Gateway, welches sich mit einem Zertifikat ausweisen kann, dass auf den Namen aus Zeile 3 lautet, nicht abgelaufen ist, und nicht zurückgerufen wurde.
Die Gegenstelle RT-2 benötigt dieselben Anpassungen, wobei die Namen und IP-Adressen jeweils spiegelbildlich sind. Nach einem Neustart von StrongSwan per `ipsec restart` handeln die beiden Router ihre VPN-Beziehung über die Schlüssel und Zertifikate aus. Im Gegensatz zu den RSA-Schlüsseln von Seite 32 muss RT-1 das Zertifikat von RT-2 vorab *nicht* kennen. Erst beim Verbindungsaufbau tauschen die Router ihre Zertifikate aus. Sie akzeptieren sich gegenseitig, weil sie der CA vertrauen, welche die Zertifikate ausgestellt hat.

Die Sicherheit der Zertifikate verlangt, dass der private Schlüssel auf dem Router verbleibt und nicht in falsche Hände gelangt. Im Zweifel lässt sich ein unsicheres Zertifikat vor seinem Ablaufdatum für ungültig erklären. Die Zertifizierungsstelle führt dazu eine *Zertifikatsperrliste* (Certificate Revocation List, CRL), die alle ungültigen Zertifikate enthält (vgl. Kap. 4). Das pki-Kommando erstellt oder erweitert eine CRL, die StrongSwan beim Start von `ipsec` einliest. Das folgende Beispiel annulliert das Zertifikat von RT-1:

```
pki --signcrl --reason superseded \
  --cacert /etc/ipsec.d/cacerts/ca.crt \
  --cakey /etc/ipsec.d/private/ca.key \
  --cert /etc/ipsec.d/certs/rt1.crt > /etc/ipsec.d/crls/ca.crl
```

Die aktuelle Sperrliste `ca.crl` muss auf allen Routern vorliegen, damit eine Authentifizierung mit einem ungültigen Zertifikat scheitert. Falls sich RT-1 mit seinem zurückgerufenen Zertifikat bei RT-2 meldet, wird dieser die Aushandlung stoppen und dies in seiner Logdatei begründen:

```
Sat Dec 12 20:32:14 2020 daemon.info ipsec: 10[CFG] certificate \
    was revoked on Dec 12 19:31:06 UTC 2020, reason: superseded
```

Der Einsatz einer Sperrliste ist optional.

Fehlersuche

Eine Fehlerfindung im VPN-Umfeld ist schwierig, weil viele Hürden einen Tunnelaufbau verhindern können. OpenWrt hat einen *Debug*-Schalter eingebaut, welcher den Prozessen deutlich mehr Meldungen über ihre Tätigkeit entlockt.

Die Klassiker `ping` und `traceroute` helfen nur wenig, weil sie lediglich bestätigen können, dass der Tunnel nicht bidirektional arbeitet. Aber das hat DPD bereits ermittelt.

Für die strukturierte Fehlersuche muss *ein* VPN-Router den Tunnelaufbau starten (`auto=start`) und die Gegenstelle muss darauf reagieren (`auto=route`). Per Voreinstellung werden beide Seiten den Tunnelaufbau nur starten, wenn ein Client einen Verbindungswunsch anmeldet. Der aktive Modus wird separat pro Gegenstelle eingerichtet.

Die Fehlersuche konzentriert sich jetzt auf den *Antworter*, denn dieser wird die VPN-Verbindung aus einem bestimmten Grund ablehnen. Und dieser Grund wird mehr oder weniger verständlich in der Logdatei stehen, die sich in LuCI bei *Status → Systemprotokoll* präsentiert. Auf der Kommandozeile liefert `logread -f` laufend die neuesten Meldungen.

Wenn die fehlerhafte IPsec-Verbindung die IKE-Phase 1 erreicht hat, legt der Kernel diese Information in der *Security Association Database* (SAD) ab. Der Befehl `ip xfrm state` zeigt den Inhalt der SAD. Tritt der Fehler erst in IKE-Phase 2 auf, gibt die *Security Policy Database* (SPD) und das Kommando `ip xfrm policy` wertvolle Hinweise. Beide Befehle stammen aus dem Softwarepaket `ip-full`, welches nicht vorinstalliert ist.

Fehlerbilder

Der passive Router berichtet bei der VPN-Aushandlung über den Fehler in seiner Logdatei. Router RT-3 wird für die weiteren Beispiele den Tunnelaufbau initiieren und bei seinem Partner RT-1 auf Ablehnung stoßen:

```
uci set ipsec.rt1_lan.mode=start
```

Wenn die Aussagen im Systemprotokoll zu knapp sind, lässt sich die Software im Debug-Modus betreiben und damit die Meldungsflut steigern:

```
uci set ipsec.@ipsec[0].debug=1
```

Die folgenden Meldungen zeigen typische Fehlerbilder bei Problemen oder Unterschieden in der Konfiguration.

Kennung unterschiedlich

```
Tue Dec  8 21:13:56 2020 daemon.info ipsec: 13[CFG] looking for peer \
   configs matching 192.0.2.1[RT1]...203.0.113.3[FW3]
Tue Dec  8 21:13:56 2020 daemon.info ipsec: 13[CFG] no matching peer \
   config found
Tue Dec  8 21:13:56 2020 daemon.info ipsec: 13[ENC] generating IKE_AUTH \
   response 1 [ N(AUTH_FAILED) ]
```

Die Identifizierung der Gegenstelle erfolgt über eine Kennung. Bei diesem Router meldet sich ein Partner, dessen Kennung (FW3) oder IPv4-Adresse (203.0.113.3) unbekannt sind.

Lösung: Das `remote`-Objekt der Gegenstelle muss ein `remote_identifier` führen, den der Partner als `local_identifier` verwendet (und umgekehrt).

Pre-shared Key unterschiedlich

```
Tue Dec  8 21:20:32 2020 daemon.info ipsec: 05[IKE] tried 1 shared key \
   for 'RT1' - 'RT3', but MAC mismatched
Tue Dec  8 21:20:32 2020 daemon.info ipsec: 05[ENC] generating IKE_AUTH \
   response 1 [ N(AUTH_FAILED) ]
```

Wenn der Schlüssel für die Verschlüsselung auf den VPN-Endpunkten unterschiedlich ist, wird der VPN-Prozess den Paketinhalt beim Entschlüsseln als fehlerhaft markieren und verwerfen.

Lösung: Schlüssel auf beiden Endpunkten vergleichen und korrigieren.

IKE-Verhandlung fehlgeschlagen

```
Wed Dec  9 08:21:45 2020 daemon.info ipsec: 10[CFG] received proposals: \
   IKE:AES_CBC_128/HMAC_SHA1_96/PRF_HMAC_SHA1/MODP_1024
Wed Dec  9 08:21:45 2020 daemon.info ipsec: 10[CFG] configured \
   proposals: IKE:AES_CBC_256/HMAC_SHA1_96/PRF_HMAC_SHA1/MODP_1024
Wed Dec  9 08:21:45 2020 authpriv.info ipsec: 10[IKE] received proposals \
   unacceptable
```

Beide Router vergleichen in der Phase 1 ihre verfügbaren Kryptoalgorithmen und der Responder wählt aus den Gemeinsamkeiten den stärksten Algorithmus aus. Gibt es keine Gemeinsamkeiten, scheitern die Verhandlungen und er sendet seinen Misserfolg zurück.
Lösung: Die Angebote der Phase 1 müssen auf beiden Geräten gemeinsame Werte für Verschlüsselung, Hashingfunktion, DH-Gruppe und Schlüssellänge haben.

ESP-Verhandlung fehlgeschlagen

```
Wed Dec  9 09:22:09 2020 daemon.info ipsec: 11[CFG] received proposals: \
  ESP:AES_CBC_256/HMAC_SHA2_256_128/NO_EXT_SEQ
Wed Dec  9 09:22:09 2020 daemon.info ipsec: 11[CFG] configured \
  proposals: ESP:AES_CBC_128/HMAC_SHA1_96/MODP_1024/NO_EXT_SEQ
Wed Dec  9 09:22:09 2020 daemon.info ipsec: 11[IKE] no acceptable \
  proposal found
```

Auch für die Phase 2 wählen die Router die stärkste gemeinsame Verschlüsselung, diesmal aber für die Absicherung der übertragenen Pakete. Die Verhandlung scheitert, wenn keine Gemeinsamkeiten erkennbar sind. Dann meldet der Responder eine ähnliche Meldung wie bei der IKE-Verhandlung, allerdings in Verbindung mit ESP, was auf die Phase 2 deutet.
Lösung: Die Angebote der Phase 2 müssen ebenfalls auf beiden Routern eine gemeinsame Basis für Verschlüsselung, Hashingfunktion, DH-Gruppe und Schlüssellänge haben.

Ausblick

StrongSwan ist über Module erweiterbar. Das OpenWrt-Repository führt über 70 Pakete, die StrongSwan weitere Algorithmen, Authentifizierungen und Protokolle beibringen. Beispielsweise erlaubt das Plug-in *strongswan-mod-eap-mschapv2* eine VPN-Aushandlung per MS-CHAPv2 mit einem Windows-Computer. Eine Suche mit dem Filter strongswan listet unter *System → Software* die Möglichkeiten von OpenWrt.

Zwei-Faktor-Authentifizierung

Die bisherigen Szenarien haben stets *einen* Faktor für die Authentifizierung benutzt: entweder einen Pre-shared Key oder einen RSA-Schlüssel

Ausblick

oder ein Zertifikat. Bei der Zwei-Faktor-Authentifizierung durchlaufen die VPN-Partner eine weitere Runde während der Anmeldung. Beispielsweise erwartet der Router aus Listing 1.10 ein Login per Zertifikat *und* Benutzernamen nebst Kennwort.

```
rightauth=pubkey
rightauth2=eap-mschapv2
```

Listing 1.10: StrongSwan erwartet eine *Zwei-Faktor-Authentifizierung*

Die Konfiguration der Zwei-Faktor-Authentifizierung ist nur direkt per ipsec.conf-Datei nutzbar.

> **Hinweis**
>
> Wenn mehr als ein Faktor bei der Einwahl gefordert sind, müssen *beide* Teilnehmer dies unterstützen.

Remote-Access-VPN

StrongSwan kann nicht nur Site-to-Site-VPNs aufbauen, sondern auch mobilen Clients Zugang zum LAN bieten. Da die meisten Betriebssysteme bereits IKEv2 mitbringen, ist keine zusätzliche Software auf den Clients für die VPN-Einwahl erforderlich.
Für die Authentifizierung kann StrongSwan Zertifikate oder Benutzernamen mit Kennwort verlangen – die notwendigen Plug-ins liegen im Repository von OpenWrt für die Installation bereit. Je nach Client ist sogar eine Kombination von Benutzername und Zertifikat möglich, was zu einer Zwei-Faktor-Authentifizierung führt. Die Möglichkeiten sind vielfältig und die Konfiguration erfolgt ohne UCI direkt in der Syntax von StrongSwan.

Libreswan

Libreswan ist der kleine Bruder von StrongSwan. Beide sind aus dem FreeS/WAN-Projekte entstanden, welches die Referenzimplementierung für Linux ist. Seit der Abspaltung hat Libreswan weniger Aufmerksamkeit erhalten und liefert daher einen kleineren Funktionsumfang als StrongSwan. OpenWrt bietet beide Implementierungen im Repository an.

Kapitel 1. IPsec

Die Einrichtung der beiden Schwäne ist ähnlich. OpenWrt bietet keine UCI-Integration für Libreswan an, sodass alle Änderungen direkt in den Konfigurationsdateien /etc/ipsec.conf und /etc/ipsec.secrets erfolgen.

Zum Vergleich: Die Anweisungen aus Listing 1.11 sind ein Beispiel für einen IPsec-Tunnel zwischen zwei OpenWrt-Routern. Das Format ähnelt der Syntax von StrongSwan, die OpenWrt hinter den UCI-Befehlen versteckt.

```
config setup
    protostack=netkey

conn site
    also=RT2
    leftsubnet=10.1.1.0/24
    rightsubnet=10.2.1.0/24
    auto=start

conn RT2
    left=198.51.100.1
    right=198.51.100.2
    authby=secret
```

Listing 1.11: OpenWrt baut einen IPsec-Tunnel mit Libreswan und /etc/ipsec.conf

Immerhin gleichen sich die Implementierungen beim `ipsec`-Befehl, der einen Tunnel aufbaut, abbaut oder den Status wiedergibt. In Hintergrund verhandeln unterschiedliche Dienste den Verbindungsaufbau: StrongSwan benutzt `charon` und Libreswan verwendet `pluto`.

Technischer Hintergrund

Für die kryptografische Betreuung der VPN-Tunnel vertraut OpenWrt auf die Software *StrongSwan* [2] und *Libreswan* [3]. Nachdem in der Jahresmitte 2004 der Vorläufer *FreeS/WAN* seine Tore für weitere Entwicklungen geschlossen hatte, haben insgesamt drei Projekte die Nachfolge angetreten. Neben Openswan und Libreswan dürfte die Implementierung von StrongSwan die bekannteste und mächtigste sein.

Im unterliegenden Linux-Betriebssystem laufen für StrongSwan zwei Prozesse: `starter` kümmert sich ums Starten, Stoppen und Konfigurieren des IKE-Daemons. Sein Kollege `charon` verhandelt per IKE die VPN-Tunnel mit den Gegenstellen.

Wenn ein VPN-Tunnel partout nicht funktionieren will und laut Einrichtung korrekt ist, lohnt ein Blick in die Datei `/var/ipsec/ipsec.conf` von StrongSwan. Die Webseite [2] des Anbieters erklärt im Bereich Wiki jede mögliche Direktive und gibt Hinweise auf Verwendung, Kompatibilität und die benötigte Version.

Zusammenfassung

IPsec ist eine Protokollfamilie mit dem klaren Ziel, zwei entfernte Netze über ein unsicheres Medium zu verbinden. Dabei stehen Sicherheit während der Übertragung und Authentifizierung im Vordergrund.

OpenWrt beherrscht die Kunst von IPsec mithilfe von Zusatzsoftware. Die vielfältigen Möglichkeiten von Verschlüsselung, Authentifizierung und Transport erschweren zwar die Ersteinrichtung, bringen aber **Flexibilität**, wenn OpenWrt per IPsec mit Partnern von anderen Herstellern **kommunizieren** soll.

Das Softwarepaket von OpenWrt verbindet Standortnetze miteinander. Weiterhin bietet es mobilen Clients die VPN-Einwahl von überall ins Firmennetz für den sicheren Zugriff auf Server und Anwendungen.

Kapitel 1. IPsec

Kapitel 2

OpenVPN

OpenVPN ist eine quelloffene Software zur Einrichtung eines Virtuellen Privaten Netzwerks. Durch diesen VPN-Tunnel können einzelne Geräte oder ein ganzes Netzwerk mit mehreren Computern kommunizieren.
OpenVPN ist die Antwort der Community auf die Komplexität von IPsec. Während das Ziel von beiden Protokollen dasselbe ist, lässt sich OpenVPN leichter konfigurieren und einfacher durch Paketfilter und NAT-Gateways betreiben. OpenVPN ist kein RFC-Standard, sondern eine fertige Software, die für die meisten Betriebssysteme und Smartphones verfügbar ist. OpenVPN implementiert die Verschlüsselungsroutinen nicht selber, sondern vertraut der bekannten OpenSSL-Bibliothek. Für die Kommunikation im Netzwerk benutzt OpenVPN die virtuellen Netzadapter TUN und TAP.

Arbeitsweise

Die Funktionsweise von OpenVPN entspricht der von IPsec: Ein VPN-Gateway baut einen verschlüsselten Kanal zu einem anderen OpenVPN-Gateway auf. Durch diesen Tunnel können beide Endpunkte gesichert miteinander kommunizieren und auch die Verbindungen von anderen Geräten absichern.
Der Aufbau entspricht dem Client-Server-Prinzip: Ein OpenVPN-Prozess übernimmt die Rolle des Clients und baut die Verbindung auf. Der andere Prozess wartet auf Anfragen und agiert als Server. Für den Betrieb des VPNs ist es unerheblich, welches Gateway die Verbindung gestartet hat.

Die Authentifizierung ist mitentscheidend für die Sicherheit der übertragenen Daten. OpenVPN bevorzugt Zertifikate. In einfachen Umgebungen ist auch ein statischer Schlüssel oder die Verwendung von Benutzername mit Passwort akzeptabel.

Der VPN-Tunnel lässt sich auf zwei unterschiedliche Arten betreiben:

- Routing-Modus. Der Tunnel ist eine Punkt-zu-Punkt-Verbindung (auf OSI-Ebene 3) und transportiert ausschließlich IP-Pakete. Der OpenVPN-Prozess läuft auf einem Router, der IP-Pakete anhand seiner Routingtabelle weiterleitet.

- Bridge-Modus. Der Tunnel ist eine Ethernet-Verbindung (OSI-Ebene 2) und übermittelt Ethernet-Frames, wie ein herkömmlicher Switch. LAN-Ports und VPN-Tunnel werden zusammengebrückt und der OpenVPN-Prozess übermittelt die Frames. Auf diese Weise lassen sich Ethernet-Netze über WAN-Strecken miteinander verbinden, ohne dass die Clients einen Router adressieren (müssen).

Authentifizierung

OpenVPN unterstützt mehrere Methoden zur Authentifizierung, die sich in Komplexität und Sicherheit unterscheiden.

Benutzername

Die Anmeldung mit einem Benutzernamen und dem passenden Kennwort ist die einfachste und unsicherste Form der Authentifizierung. Denn Benutzer notieren ihre Kennwörter oder wählen offensichtliche Begriffe. Diese Methode der Anmeldung lässt sich mit einer weiteren Form zu einer Mehrfaktor-Authentifizierung kombinieren.

Gemeinsamer Schlüssel

Die OpenVPN-Gegenstellen vertrauen sich, wenn sie denselben statischen Schlüssel besitzen und für die Authentifizierung benutzen. Vor der ersten

Anmeldung muss der Schlüssel auf alle beteiligten OpenVPN-Router über eine sichere Verbindung verteilt werden.
Die Authentifizierung per *gemeinsamen Schlüssel* ist einfach zu realisieren. Die Sicherheit der übermittelten Daten hängt davon ab, dass der Schlüssel geheim bleibt. Mit einem kompromittierten Pre-shared Key kann der Angreifer alle abgefangenen Pakete entschlüsseln.

Zertifikate

Bei einer Authentifizierung auf Basis von Zertifikaten benötigt jeder Kommunikationspartner ein Zertifikat. Client und Server tauschen ihre Zertifikate aus und überprüfen gegenseitig deren Gültigkeit.

Der Aufwand dieser Methode ist hoch, denn Zertifikate müssen erstellt, verteilt und eventuell widerrufen werden. Aber die zertifikatsbasierte Anmeldung gewinnt als sicherste Form der Authentifizierung.

Unterschiede zu IPsec

OpenVPN und IPsec gelten beide als ausgereift und sicher. OpenVPN ist quelloffen und damit für jeden einsehbar. IPsec ist keine Software, sondern eine Protokollsammlung, die von Anbietern für ihre Software genutzt wird. Und diese Software kann unter einer proprietären Lizenz stehen, die die Implementierung nicht offenlegt.
IPsec ist in den meisten Betriebssystemen bereits integriert, während OpenVPN ein Zusatzprodukt ist. Dieses unterstützt zwar alle gängigen Betriebssysteme, muss aber nachträglich auf das System gebracht werden.
Tabelle 2.1 vergleicht IPsec mit OpenVPN, so wie beide Technologien bei OpenWrt angeboten werden.
Die Angabe des Durchsatzes bezieht sich auf die IPsec-Implementierung von StrongSwan und die verwendete OpenVPN-Version von OpenWrt. Zusätzlich spielt die Unterstützung der Befehlserweiterung AES-NI eine wichtige Rolle, welche die Leistung von OpenVPN stark verbessert.
OpenVPN ist eine Implementierung im User-Space, während StrongSwan die IPsec-Fähigkeiten des Kernels verwendet. Damit ist OpenVPN leichter portierbar auf andere Betriebssysteme und kommt ohne Kernelmodul aus.

Nachteilig auf die Performance wirkt sich der häufige Kontextwechsel aus, denn der OpenVPN-Prozess läuft im User-Space, während die Netzwerktreiber für *ethX* und *tunX* im Kernel-Space angesiedelt sind.

Disziplin	IPsec	OpenVPN
Einrichtung	kompliziert	einfach
Installation	vom OS bereitgestellt	Zusatzsoftware
Authentifizierung	PSK, Zertifikat, Benutzername/Kennwort[1]	PSK, Zertifikat, Benutzername/Kennwort[2]
Verschlüsselungsalgorithmen	AES 128/192/256 Blowfish 128/192/256 3DES, DES, CAST128 Camellia 128/192/256 ChaCha20/Poly1305	AES 128/192/256 Blowfish 128 3DES, DES, DESX, CAST5 RC2
Hashingalgorithmen	SHA 1/256/384/512 MD5, AES-XCBC AES-CMAC	SHA 1/224/256/384/512 MD4, MD5, RIPEMD SHAKE
Sicherheitsniveau	hoch	hoch
Durchsatz	hoch	mittel
Zusammenspiel		
mit Firewall	einfach zu blockieren	schwer zu blockieren
mit NAT	mit NAT-Traversal	ohne Probleme
Unterstützung		
von IPv4	ja	ja
von IPv6	ja	ja
von nicht-IP	ja (mit GRE)	ja (Bridge-Modus)
Multipunkt-Tunnel	ja (mit DMVPN)	ja
Funktioniert durch		
Proxy	nein	ja
Schlüsselrotation	automatisch	automatisch (Zertifikat) manuell (PSK)

Tabelle 2.1: Vergleich von IPsec mit OpenVPN

---

[1]Die Anmeldung mit Benutzernamen und Kennwort ist nur für mobile Clients verfügbar.
[2]Die Anmeldung mit Benutzernamen und Kennwort erfordert die Anpassung ab Seite 58.

Laboraufbau

Die beiden Router RT-1 und RT-4 erstellen einen VPN-Tunnel, um die Datenkommunikation zwischen ihren angeschlossenen Netzen zu ermöglichen. RT-1 ist zusätzlich ein VPN-Server für die Einwahl von OpenVPN-Clients. Abbildung 2.1 zeigt den Aufbau der VPN-Gateways und eines Clients in Standort-2. Die IP-Adressen der Tunnel stammen aus den Bereichen 10.6.0.0/16 und fd00:6::/64.

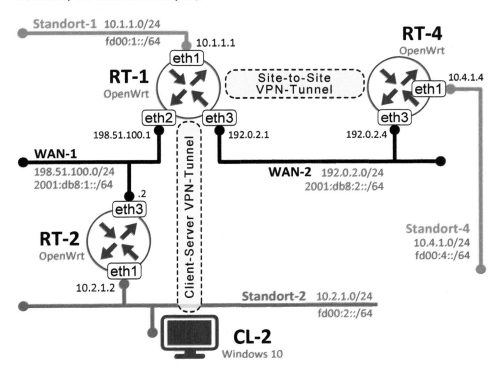

Abbildung 2.1: Laboraufbau für OpenVPN-Tunnel

Site-to-Site-Tunnel

Vor der Einrichtung des ersten Tunnels muss der Paketmanager von OpenWrt die Software installieren, da OpenVPN ein Zusatzpaket ist:

```
opkg update
opkg install openvpn-openssl luci-app-openvpn luci-i18n-openvpn-de
```

Als erste Aufgabe verbindet OpenVPN den Standort 1 mit Standort 4 durch einen Site-to-Site-VPN. Dieser Tunnel spannt von Router RT-1 zu RT-4 und verbindet damit die angeschlossenen Netze.
OpenWrt unterscheidet bei der Einrichtung zwischen Server und Client, wobei der Client den Tunnelaufbau initiiert und der Server darauf reagiert. In diesem Szenario übernimmt RT-1 die Rolle des Servers und RT-4 beginnt als Client seine VPN-Tätigkeit.
Durch den Tunnel fließen später die IP-Pakete von mehreren Endgeräten. Die Vertraulichkeit von vielen Datenverbindungen hängt von der Sicherheit des Tunnels ab. Je nach Umgebung können ein gemeinsamer Schlüssel oder Zertifikate die notwendige Sicherheit bieten. Die folgende Einrichtung verwendet einen gemeinsamen Schlüssel.
Der Tunnel beginnt und endet bei den öffentlichen IP-Adressen der VPN-Gateways. Innerhalb des Tunnels benutzt OpenVPN zusätzliche Adressen, die aus dem privaten Bereich stammen dürfen. Diese Adressen eignen sich später zur schnellen Prüfung, ob der Tunnel funktioniert oder für die dauerhafte Überwachung eines Monitoring-Systems.

Die Konfiguration platziert OpenWrt in der Weboberfläche bei *VPN* → *OpenVPN*. Die Vorlage *Simple server configuration for a routed point-to-point VPN* ist der Ausgangspunkt für den geplanten VPN-Tunnel. Die Werte sind in Tabelle 2.2 aufgeführt, wobei sich einige Felder bei *Erweiterte Einstellungen* verbergen.

Einstellung	Kategorie	Wert
ifconfig	Networking	10.6.12.1 10.6.12.4
route	Networking	10.4.1.0 255.255.255.0
remote	VPN	192.0.2.1
secret	Cryptography	/etc/openvpn/shared-secret.key
auth_nocache	Cryptography	☑

Tabelle 2.2: RT-1 als VPN-Server für einen Site-to-Site-Tunnel

OpenVPN akzeptiert beliebige Ports; ohne weitere Angabe benutzt OpenVPN den vorgegebenen Port 1194 des UDP-Protokolls. Das Feld *auth_nocache* verhindert, dass OpenVPN die Logdatei mit Warnungen vollmüllt. Aus den Angaben von *route* befüllt OpenVPN die Routingtabelle.

OpenWrt erstellt den kryptografischen Schlüssel nicht selbstständig. Diese Aufgabe erledigt der openvpn-Befehl auf der Kommandozeile. Der Inhalt der Schlüsseldatei muss unverändert seinen Weg in die Einstellungen des Clients RT-4 finden. Für die Kopie sollte ein sicherer Kommunikationskanal verwendet werden.

```
openvpn --genkey --secret /etc/openvpn/shared-secret.key
```

Damit ist Router RT-1 zum VPN-Gateway aufgestiegen, welcher seine Gegenstelle erwartet.

Sicherheit

Ohne Angabe einer Verschlüsselung verwendet OpenVPN den Blowfish-Algorithmus. Dieser Algorithmus ist zwar flott, hat aber seine Schwächen. Der Anbieter spricht sich gegen den Blowfish-Algorithmus aus und empfiehlt AES mit einem 256-Bit-Schlüssel.

Auch wenn die Schwäche von Blowfish nicht auf alle Umgebungen zutrifft, ist der AES-Algorithmus trotzdem die bessere Wahl. Die berechnete Crypto-Leistung von AES ist trotz deutlich längerem Schlüssel vergleichbar mit Blowfish.

Der Wechsel zu AES beginnt in den erweiterten Einstellungen des Tunnels im Feld *chiper* (Kategorie *Cryptography*). Die empfohlene Auswahl ist AES-256-CBC. Anschließend startet der OpenVPN-Dienst neu.

Client

Die Gegenstelle des OpenVPN-Servers ist der Router RT-4. Dieser erhält unter *VPN → OpenVPN* seine Einstellungen für den Aufbau einer VPN-Verbindung mit RT-1. Die Vorlage *Simple client configuration for a routed point-to-point VPN* füllt die Konfiguration mit den passenden Feldern, deren Inhalt in Tabelle 2.3 aufgeführt ist. Der gemeinsame Schlüssel muss auf beiden Enden des VPN-Tunnels identisch sein. Wenn RT-1 diesen Schlüssel erzeugt, muss der generierte Schlüsseltext unverändert und sicher bei RT-4 ankommen.

Einstellung	Kategorie	Wert
ifconfig	Networking	10.6.12.4 10.6.12.1
route	Networking	10.1.1.0 255.255.255.0
remote	VPN	192.0.2.1
secret	Cryptography	/etc/openvpn/shared-secret.key
auth_nocache	Cryptography	☑
cipher	Cryptography	AES-256-CBC

Tabelle 2.3: RT-4 als VPN-Client für einen Site-to-Site-Tunnel

Die OpenVPN-Instanzen auf RT-1 und RT-4 sind eingerichtet; aber inaktiv. In der Übersicht von LuCI lässt sich der Tunnel per Checkbox aktivieren (Abbildung 2.2).

Abbildung 2.2: Per LuCI lassen sich die OpenVPN-Tunnel starten und stoppen

IPv6

OpenVPN unterscheidet bei vielen Feldern zwischen IPv4 und IPv6. Für den Tunnelbau bietet die Weboberfläche von OpenWrt jedoch nur die IPv4-Schlüsselwörter. Die entsprechenden Befehle für einen IPv6-Tunnel fehlen in LuCI, sodass hier die Kommandozeile aushelfen muss.

Site-to-Site-Tunnel

Die Erweiterung des Site-to-Site-Tunnels um IPv6-Adressen liefert Listing 2.1 für die Serverseite auf RT-1. Die Clientseite erfordert dieselben Befehle mit vertauschten Adressen. Nach einem Neustart von OpenVPN erlaubt derselbe Tunnel schließlich den Transport von IPv4-Paketen *und* IPv6-Paketen.

```
uci set openvpn.RT1RT4.ifconfig_ipv6='fd00:6:12::1 fd00:6:12::4'
uci set openvpn.RT1RT4.route_ipv6=fd00:4::/64
uci commit
service openvpn restart
```

Listing 2.1: Die IPv6-Befehle befinden sich bei OpenWrt auf der Kommandozeile

Regelwerk

Bis jetzt kann der geplante Tunnel noch keinen Erfolg haben, da der Paketfilter alle Verbindungsversuche von OpenVPN blockiert. Anders als beim IPsec-VPN, der seine Firewallregeln automatisch erstellt, benötigt OpenVPN die explizite Erlaubnis im Regelwerk. Dazu reicht eine schlichte Regel, die Zugriff über UDP-Port 1194 auf die WAN-Zone erlaubt. Dieser Zugriff kann auf die Quelladresse des VPN-Partners eingeschränkt werden, falls dieser eine feste IP-Adresse innehat.

```
uci add firewall rule
uci set firewall.@rule[-1].dest_port='1194 1195'
uci set firewall.@rule[-1].src='wan'
uci set firewall.@rule[-1].name='Allow-OpenVPN'
uci set firewall.@rule[-1].target='ACCEPT'
uci add_list firewall.@rule[-1].proto='udp'
```

Die neue Regel enthält zusätzlich den UDP-Port 1195, da dieser für den folgenden Abschnitt *Client-Server-Tunnel* benötigt wird.

Mit dieser geänderten Sicherheitsrichtlinie können sich die Teilnehmer auf eine VPN-Verbindung einigen. Die Freude währt nicht lange, denn der Tunnel darf noch nicht von den Endgeräten genutzt werden. Dazu kommt das zusätzliche Regelwerk für die OpenVPN-Tunnel ins Spiel.

Die Richtlinie für Tunnelverkehr kann entweder aus einzelnen Regeln bestehen oder eine neue Firewallzone verwenden. Als zonenbasierte Firewall

Kapitel 2. OpenVPN

bietet OpenWrt beliebig viele Zonen, um die angeschlossenen IP-Netze gegeneinander abzuschotten oder zu verbinden.
Voraussetzung für eine neue Firewallzone ist ein Netzwerk-Interface, welches zum OpenVPN-Tunnel gehört. In Abbildung 2.3 erhält der Tunnel einen zusätzlichen Netzadapter ohne Adresse oder Protokoll.

Abbildung 2.3: Der OpenVPN-Tunnel erhält ein Netzwerk-Interface

In den Eigenschaften des Netzadapters lässt sich eine neue Firewallzone anlegen. LuCI präsentiert die neuen Zonen bei *Netzwerk → Firewall*. Hier legt der Administrator fest, wie die Zonen miteinander kommunizieren dürfen. Der Zugriff auf die LAN-Zone ist in Abbildung 2.4 dargestellt. Auf diese Weise dürfen Clients aus dem LAN den Tunnel betreten und die dahinterliegenden IP-Netze erreichen. Die Konfiguration ist für RT-1 und RT-4 identisch.

Abbildung 2.4: Die neue Firewallzone *VPN* regelt den Zugang zum OpenVPN-Tunnel

Konnektivität

OpenVPN liefert wenig Feedback zu den aufgebauten Tunneln. Die Status-Datei `/var/run/openvpn.RT1RT4.status` zählt die Menge der übertragenen Bytes – mit und ohne Komprimierung.

```
OpenVPN STATISTICS
Updated,Fri Nov 27 21:15:50 2020
TUN/TAP read bytes,12056
TUN/TAP write bytes,11752
TCP/UDP read bytes,13676
TCP/UDP write bytes,13176
Auth read bytes,11919
pre-compress bytes,11752
post-compress bytes,6893
pre-decompress bytes,6893
post-decompress bytes,11752
END
```

Aber der zuverlässigste Test ist eine Ende-zu-Ende-Verbindung, die im kleinen Umfeld mit `ping` und `traceroute` ablaufen kann.

```
root@labsrv:~# traceroute -In 10.4.1.99
traceroute to 10.4.1.99 (10.4.1.99), 30 hops max, 60 byte packets
 1  10.1.1.1   0.318 ms   0.346 ms   0.322 ms
 2  10.6.12.4  2.003 ms   1.895 ms   1.884 ms
 3  10.4.1.99  1.922 ms   1.873 ms   1.920 ms
```

Client-Server-Tunnel

Wenn OpenVPN im Client-Server-Modus arbeitet, können sich die Gegenstellen per Zertifikat oder Benutzernamen mit Kennwort (oder beidem) ausweisen. Aus der Sichtweise der Sicherheit sind Zertifikate ein großer Schritt nach vorne. Allerdings ist deren Verwaltung um ein vielfaches aufwendiger als ein gemeinsamer Schlüssel.

Zertifikate

Wenn bereits eine *Public Key Infrastructure* (PKI) im Einsatz ist, können die benötigten Zertifikate für Clients und Server mithilfe der vorhandenen *Certificate Authority* (CA) generiert werden.

Wenn keine eigene CA zur Verfügung steht, könnte ein OpenWrt-Router diese Rolle übernehmen. OpenWrt bringt mit dem Softwarepaket *openvpn-easy-rsa* die notwendigen Funktionen mit, um eine CA zu erstellen und Zertifikate auszustellen.

> **Achtung**
>
> Die CA sollte auf einem gut gesicherten Server (oder OpenWrt-Router) platziert sein, der keinen Kontakt zum Internet hat. Wenn der private Schlüssel der CA kompromittiert wird, ist die Authentifizierung des OpenVPN-Netzes gefährdet.

Die Verwaltung der neuen CA spielt sich auf Betriebssystem-Ebene ab. Die Software *Easy-RSA* erstellt Zertifikate und legt sie im Dateisystem unter /root/pki/ ab.

```
opkg install openvpn-easy-rsa
```

Über die Datei /etc/easy-rsa/vars lässt sich die CA an die eigene Organisation anpassen. In Listing 2.2 entsteht eine CA für das Labornetz.

```
set_var EASYRSA_DN "org"
set_var EASYRSA_KEY_SIZE 4096
set_var EASYRSA_REQ_COUNTRY "DE"
set_var EASYRSA_REQ_PROVINCE "NRW"
set_var EASYRSA_REQ_CITY "Siegen"
set_var EASYRSA_REQ_ORG "Der OpenWrt-Praktiker"
set_var EASYRSA_REQ_OU "IT"
set_var EASYRSA_REQ_EMAIL "der.openwrt.praktiker@gmail.com"
```

Listing 2.2: Im Labornetz entsteht eine neue CA

Das folgende Listing erstellt jede Menge Kryptomaterial.

```
1  easyrsa init-pki
2  easyrsa build-ca
3  easyrsa build-server-full RT1
4  easyrsa build-client-full CL2
5  easyrsa gen-dh
```

```
6  openssl rsa -in /root/pki/private/CL2.key \
7    -out /root/pki/private/CL2.key
8  openssl rsa -in /root/pki/private/RT1.key \
9    -out /root/pki/private/RT1.key
```

Die aufgeführten Befehle versuchen alle offenen Fragen über Variablen der Datei vars zu beantworten. Wenn eine Information fehlt, poppt die Frage in der Kommandozeile auf und wartet auf Eingabe.
Zeile 3 erstellt die Schlüssel für die Zertifikatsautorität. Weiter geht es mit einem Server-Schlüssel für Router RT-1 (Zeile 3), der von der CA unterschrieben wird. Zum Tunnelaufbau mit diesem Router-Server benötigt die Gegenstelle ein Client-Zertifikat, welches in Zeile 4 ausgestellt wird. Genau wie IPsec benutzt OpenVPN einen Schlüsselaustausch nach Diffie-Hellman (DH), wobei die Parameter vorerst generiert werden müssen (Zeile 5).
Die Anweisungen ab Zeile 6 entfernen das Passwort vom privaten Schlüssel von Server und Client.

Damit endet der Workshop zur Kryptografie, denn alle notwendigen Zertifikate, Dateien, Schlüssel und Parameter liegen der CA auf RT-1 vor. Und aus diesem Router wird endlich der OpenVPN-Einwahl-Server.

Einrichtung

Der OpenWrt-Router wird zum VPN-Server, indem er einen weiteren VPN-Tunnel erhält, der keine Gegenstelle definiert. Die Konfiguration ist per LuCI und per UCI möglich, wobei Listing 2.3 die verwendeten Einstellungen mit uci-Befehlen zeigt.
Der VPN-Server RT-1 wird seine Clients bei der Anmeldung genau überprüfen. Dazu vergleicht er das erhaltene Zertifikat vom Client mit der ihm bekannten CA (Zeile 5). Parallel dazu hat der Client die Chance, das Serverzertifikat zu validieren, welches in Zeile 6 geladen und während der Authentifizierung angeboten wird. Wenn sich beide Parteien einig sind, darf fleißig verschlüsselt werden.
Zuletzt gibt sich RT-1 als Fremdenführer aus und zeigt jedem Client seine Subnetze (Zeile 15) und weist ihm eine IPv4-Adresse aus dem Pool zu (Zeile 14).

```
1  uci set openvpn.dialin=openvpn
2  uci set openvpn.dialin.dev=tun
3  uci set openvpn.dialin.comp_lzo=yes
4  uci set openvpn.dialin.keepalive='10 60'
5  uci set openvpn.dialin.ca=/root/pki/ca.crt
6  uci set openvpn.dialin.cert=/root/pki/issued/RT1.crt
7  uci set openvpn.dialin.key=/root/pki/private/RT1.key
8  uci set openvpn.dialin.dh=/root/pki/dh.pem
9  uci set openvpn.dialin.enabled=1
10 uci set openvpn.dialin.port=1195
11 uci set openvpn.dialin.verb=1
12 uci set openvpn.dialin.cipher=AES-256-GCM
13 uci set openvpn.dialin.topology=subnet
14 uci set openvpn.dialin.server='10.6.1.0 255.255.255.0'
15 uci set openvpn.dialin.push='route 10.1.1.0 255.255.255.0'
16 uci commit
17 service openvpn restart
```

Listing 2.3: RT-1 als VPN-Server für die Einwahl von Clients

> **Hinweis**
>
> OpenVPN kann im Gerätemodus *tun* und *tap* arbeiten. Bevorzugt wird der Modus *tun* (Zeile 2), weil er bei mobilen Endgeräten verbreiteter ist.

Beispielsweise bietet die OpenVPN-App auf Apples *iPhone* oder *iPad* nur den *tun*-Modus an. Die Kommunikation mit einem OpenVPN-Server mit *tap*-Adapter ist nicht möglich.

Nach einem `uci commit` und Neustart von OpenVPN lauscht der Prozess von RT-1 auf Verbindungsanfragen von Clients. Jeder OpenVPN-Client mit gültigem Zertifikat ist willkommen. Die Demonstration benutzt den Computer CL-2 mit Windows 10.

Wie eingangs erwähnt muss die OpenVPN-Software separat installiert werden. Der Installer ist auf der Webseite von OpenVPN [4] verfügbar und bringt die Software inklusive TUN/TAP-Treibern auf das System.

Zusätzlich benötigt der Client die erstellten Zertifikate. Hier sollte eine gesicherte Übertragung gewählt werden. Im Labornetz lassen sich die Dateien mit dem Secure Copy-Befehl `pscp.exe` der PuTTY-Suite [5] übertragen.

```
cd "%ProgramFiles%\OpenVPN\config"
pscp.exe -scp root@198.51.100.1:/root/pki/private/CL2.key .
pscp.exe -scp root@198.51.100.1:/root/pki/issued/CL2.crt .
pscp.exe -scp root@198.51.100.1:/root/pki/ca.crt .
```

Die Anweisungen für OpenVPN, mit welchem Server er sich verbinden soll, gehören in eine Konfigurationsdatei im selben Verzeichnis. Die bei-

```
 1  client
 2  dev tun
 3  proto udp
 4  remote 198.51.100.1 1195
 5  verb 3
 6  tls-client
 7  resolv-retry infinite
 8  key CL2.key
 9  cert CL2.crt
10  remote-cert-tls server
11  ca ca.crt
12  auth-nocache
```

Listing 2.4: Konfigurationsdatei RT-1.ovpn für OpenVPN

spielhaften Anweisungen aus Listing 2.4 starten eine Clientverbindung (Zeile 1) zum Server. Die Kommunikation läuft über den Port 1195 des UDP-Protokolls (Zeilen 3–4). Der Client authentifiziert sich mit Schlüssel und Zertifikat (Zeilen 8–9). Vom Server wird ebenfalls ein gültiges Zertifikat erwartet, welches von derselben CA signiert wurde (Zeilen 10–11).
Die Nachrichtenflut während der Verbindung (Zeile 5) soll die wichtigsten Schritte bei der Einwahl anzeigen. Während der Fehlersuche kann eine höhere Zahl deutlich mehr Meldungen generieren. Bis 5 reicht die normale Fehlersuche, 6 bis 11 ist der Arbeitsbereich eines Debuggers.

Der OpenVPN-Installer von Windows bringt ein kleines GUI-Icon für die Taskleiste mit. Darüber lässt sich die Verbindung starten (Abbildung 2.5) und der Verbindungsaufbau verfolgen.

Nach erfolgreicher Einwahl erhält der OpenVPN-Client eine IPv4-Adresse, welche für die Dauer der Tunnelverbindung über das TUN-Interface (Zei-

Kapitel 2. OpenVPN

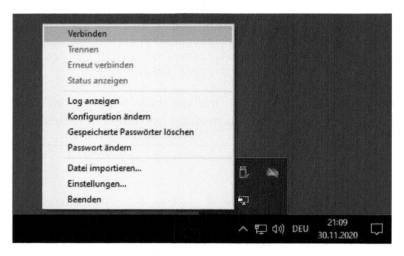

Abbildung 2.5: OpenVPN GUI unter Windows 10

le 2) geroutet wird. Die Routingtabelle enthält jetzt auch die IP-Route, die der Server beim Verbindungsaufbau angekündigt hat.

Benutzername

Das von OpenWrt bereitgestellte Softwarepaket für OpenVPN enthält keine Plug-ins oder Skripte zum Validieren von Benutzerkonten mit Passwörtern. Das Konzept von OpenVPN für ein Validierungsskript ist jedoch simpel: Sobald das Skript einen Exitcode von null zurückgibt, betrachtet OpenVPN das Login als erfolgreich. Mit diesem Wissen lässt sich ein kleines Skript erstellen, welches das Kennwort des einwählenden Users gegen die lokale Passwortdatei prüft.
Das beispielhafte Perl-Skript ovpn-userpass.pl vergleicht das übermittelte Kennwort und liefert den passenden Exitcode an OpenVPN zurück. Listing 2.5 holt das Skript und seine Abhängigkeiten auf den lokalen Router. Das Skript ist über Anhang A erhältlich und in verkürzter Form (ohne Dokumentation und Fehlerbehandlung) in Listing 2.6 abgedruckt.
Die uci-Befehle ab Zeile 4 deaktivieren die Authentifizierung per Clientzertifikat und aktivieren die Anmeldung per Benutzername und Kennwort. Es ist ebenfalls möglich, beide Formen der Anmeldung vom Client zu fordern und damit eine Multi-Faktor-Authentifizierung zu realisieren.

```
1  opkg install perl
2  wget -O /etc/openvpn/ovpn-userpass.pl https://git.io/Jm1q0
3  chmod +x /etc/openvpn/ovpn-userpass.pl
4  uci set openvpn.dialin.verify_client_cert=none
5  uci set openvpn.dialin.auth_user_pass_verify= \
6    '/etc/openvpn/ovpn-userpass.pl via-env'
7  uci set openvpn.dialin.script_security=3
8  uci commit
9  service openvpn restart

10 opkg install shadow-useradd
11 useradd afowler
```

Listing 2.5: OpenVPN validiert einwählende User per Skript

OpenVPN wird Kennwörter nur außerhalb des eigenen Prozesses verarbeiten, wenn die Skript-Sicherheit in Zeile 7 dies explizit erlaubt. Gegen das fehlende Kommando useradd zum Anlegen von neuen Benutzerkonten hilft das Softwarepaket in Zeile 10 (vgl. Kap. 7). Der erste User entsteht sogleich in Zeile 11.

```
#!/usr/bin/env perl
my $username = $ENV{'username'};
my $password = $ENV{'password'};
if ( open( $fh_shadow, '<', "/etc/shadow" ) ) {
    while ( my $line = <$fh_shadow> ) {
        my ( $user, $pass ) = split( /:/, $line, 3 );
        my $pass_crypt = crypt( $password, $pass );
        if ( $username eq $user  and  $pass_crypt eq $pass ) {
            close $fh_shadow;   exit 0;
        }
    }
    close $fh_shadow;
}
exit 1;
```

Listing 2.6: Das Skript überprüft den Benutzer und sein Kennwort

Auf der Clientseite benötigt die Konfigurationsdatei die zusätzliche Zeile auth-user-pass, damit der OpenVPN-Prozess vor der Einwahl nach Benutzernamen und Kennwort fragt. Wenn das Clientzertifikat nicht verwendet werden soll, müssen die Zeilen cert und key verschwinden. Die Anweisung ca wird dennoch benötigt, da sie das *Server*zertifikat validiert.

IPv6

Die LuCI-Entwickler haben die Felder für IPv6 nicht in die Weboberfläche eingebaut, sodass die Kommandozeile die einzige Option für einen IPv6-Tunnel ist. OpenVPN hängt den Keywords ein *ipv6* an, um den Unterschied zu IPv4 zu verdeutlichen. Auf der Serverseite RT-1 wird der vorhandene Tunnel mit wenigen Kommandos IPv6-ready:

```
uci set openvpn.dialin.server_ipv6=fd00:6:1::/64
uci set openvpn.dialin.push='route-ipv6 fd00:1::/64'
uci set openvpn.dialin.proto=udp6
```

Für den Client ändert sich die Konfigurationsdatei aus Listing 2.4 auf Seite 57 um die Direktiven für IPv6:

```
dev tun-ipv6
proto udp6
remote 2001:db8:1::1 1195
```

An den Regeln für Authentifizierung, Verschlüsselung, Hashing oder Komprimierung ändert sich nichts.

Sicherheit

Der Datenverkehr zwischen zwei Standorten läuft jetzt zwar verschlüsselt ab, aber innerhalb des Tunnels ist alles erlaubt. Wenn die verbundenen Netze nicht zur gleichen administrativen Verwaltung gehören (z. B. Dienstleister—Kunde), kann OpenWrt *innerhalb* eines OpenVPN-Tunnels filtern.

Dafür erzeugt die Firewall von OpenWrt eine neue Zone und weist ihr alle Tunnel-Adapter zu. Die Firewallpolicy dieser Zone wirkt nicht auf einen physischen Netzadapter, sondern auf ein logisches Tunnel-Interface. Die Einrichtung ist in Abschnitt *Regelwerk* ab Seite 51 beschrieben.

Bei fehlendem Vertrauen der verbundenen Netze sollten auch ungültige Absenderadressen überwacht oder verworfen werden. Einer Adressfälschung kommt *Reverse Path Forwarding* auf die Spur.

```
sysctl net.ipv4.conf.tun0.rp_filter=1
```

Der eingehende Netzverkehr des VPN-Tunnels *tun0* muss sich sogleich einer strengen Überwachung unterziehen.

Einen wirksamen Schutz gegen eine Denial-of-Service-Attacke (DoS) oder einen Angriff auf den TLS-Stack bietet OpenVPN mit einer zusätzlichen Authentifizierung anhand eines statischen Schlüssels. OpenVPN bezeichnet dieses Verfahren vereinfacht als *HMAC-Firewall*. Nur wenn beide Parteien denselben Schlüssel haben, beginnt die eigentliche Kommunikation. Bei einem falschen Schlüssel wird sich der OpenVPN-Server nicht um ein Antwortpaket bemühen. Ein DoS-Angriff belastet folglich nicht den TLS-Kanal und schont damit die CPU und den Arbeitsspeicher.

Der Wunsch nach einem statischen Schlüssel wird genau wie bei einem Pre-shared Key geäußert und anschließend an die Kommunikationspartner verteilt.

```
root@RT-1:~# openvpn --genkey --secret /etc/openvpn/ta.key
```

Sobald die `ta.key`-Datei auf dem OpenVPN-Server und seinen Clients bekannt ist, darf OpenWrt das neue Sicherheitsfeature in Betrieb nehmen. Die serverseitige Einbindung erfolgt über die Option *tls-auth*:

```
uci set openvpn.dialin.tls_auth='/etc/openvpn/ta.key 0'
```

Die Zahl hinter der Schlüsseldatei kann die Werte 0 oder 1 annehmen, entscheidet über die Richtung und muss auf beiden Endpunkten unterschiedlich sein.

Auch der OpenVPN-Client benötigt neben der `ta.key`-Datei eine weitere Konfigurationszeile, um die HMAC-Firewall passieren zu können.

```
tls-auth ta.key 1
```

Fehlersuche

Der OpenVPN-Dienst kann in seinen Logmeldungen sehr detailliert das Problem beschreiben. Unter OpenWrt berichtet der OpenVPN-Prozess an das Systemprotokoll. Die aktuellsten Nachrichten zeigt die Weboberfläche bei *Status → Systemprotokoll* an.

Bei der Fehlersuche ist es hilfreich, die Logbücher beider Endpunkte der OpenVPN-Verbindung einzusehen. Wenn die Meldungen das Problem zwar eingrenzen, aber nicht ausreichend beschreiben, kann die Geschwätzigkeit von OpenVPN erhöht werden.

Je größer die Zahl bei `verb` in den Tunneleinstellungen, desto logfreudiger wird OpenVPN. Die Voreinstellung von OpenWrt liegt bei 3 – während der Fehlersuche sind Werte von 4 bis 5 hilfreich. Nach dem Ende des Troubleshootings nicht vergessen, das Log-Level wieder zurückzusetzen.

Ein guter Fehler kommt wieder, und so beschreiben die folgenden Abschnitte typische Problemszenarien bei einer OpenVPN-Einwahl.

Krypto-Algorithmus unterschiedlich

```
Sun Nov 29 21:25:57 2020 daemon.err openvpn(RT1RT4)[18185]: \
   Authenticate/Decrypt packet error: cipher final failed
```

Die OpenVPN-Teilnehmer einer Site-to-Site-Verbindung benutzen einen unterschiedlichen Verschlüsselungsalgorithmus. Der Tunnel wird sich möglicherweise erfolgreich aufbauen, aber keine Pakete transportieren.

Lösung: Entweder denselben Algorithmus auf beiden Seiten vorgeben oder in den Tunneleinstellungen bei *Erweiterte Einstellungen* mit der Option `ncp_ciphers` die Algorithmen von OpenVPN aushandeln lassen.

Gegenstelle verweigert

```
Sun Nov 29 21:47:26 2020 daemon.err openvpn(RT1RT4)[22027]: TCP: \
   connect to [AF_INET]192.0.2.1:1194 failed: Connection refused
```

Der lokale Router startet einen Verbindungsversuch und wird von seinem Gegenüber direkt abgewiesen. Das kann mehrere Ursachen haben: Wenn die IP-Adresse der Gegenstelle korrekt angegeben ist, hat der entfernte Router eventuell den OpenVPN-Prozess nicht gestartet oder lauscht auf einem anderen Port. Alternativ fehlt im Regelwerk eine erlaubende Regel oder die Richtlinie verbietet die erfolgreiche Kommunikation.

Authentifizierung fehlgeschlagen

```
Mon Nov 30 21:39:29 2020 daemon.err openvpn(RT1RT4)[19429]: \
   Authenticate/Decrypt packet error: packet HMAC authentication \
   failed
```

Die Authentifizierung mittels eines gemeinsamen Schlüssels ist gescheitert. Der Schlüssel ist entweder unterschiedlich, oder wurde während der Übermittlung verändert.
Lösung: Auf beiden OpenVPN-Routern muss exakt dieselbe Schlüsseldatei vorhanden sein und der OpenWrt-Konfiguration vorliegen.

TLS-Authentifizierung unterschiedlich

```
Mon Nov 30 21:43:56 2020 daemon.err openvpn(RT1RT4)[20186]: \
   Authenticate/Decrypt packet error: cipher final failed
```

Die beiden OpenVPN-Router verwenden einen unterschiedlichen Schlüssel für die TLS-Authentifizierung, oder einem der beiden Endpunkte fehlt das `tls-auth`-Feature.
Lösung: Der gemeinsame Schlüssel muss auf beiden Gateways identisch vorliegen.

Technischer Hintergrund

OpenVPN ist eine schlüsselfertige VPN-Software. OpenWrt liefert stets mit einer halbwegs aktuellen Version von OpenVPN aus. Bei der Kryptografie fährt OpenWrt zweigleisig. Das installierte Paket von OpenVPN benutzt die Bibliothek *OpenSSL*. Diese ist in der Vergangenheit durch mehrere kritische Sicherheitslücken negativ aufgefallen. Als Konsequenz bietet OpenWrt die alternative Bibliothek *mbedTLS*. Die Bedienung von OpenVPN ist trotz unterschiedlicher Bibliotheken identisch.

Die webbasierte Konfiguration von OpenVPN per LuCI stammt aus der Feder von OpenWrt-Entwicklern. Die gewählten Einstellungen der Webseite verwandelt OpenWrt in Direktiven einer Konfigurationsdatei im Verzeichnis `/var/etc/`. Für den Start und Stopp eines Tunnels triggert LuCI das Startskript an, welches auf der Kommandozeile einen weiteren OpenVPN-Prozess startet.

Zusammenfassung

Die Webseite und die Kommandozeile von OpenWrt bieten ein vollwertiges Konfigurationswerkzeug, das fast keinen Schalter von OpenVPN unerwähnt lässt. Durch diese Vielseitigkeit können OpenVPN-Tunnel gegen Firewalls anderer Hersteller etabliert werden.
Für die Authentifizierung mit Zertifikaten hält OpenWrt ein separates Softwarepaket bereit. Das sollte dazu führen, dass VPN-Tunnel häufiger mit Zertifikaten abgesichert werden.
Die Einrichtung des Site-to-Site-Tunnels ist gewöhnungsbedürftig, denn OpenVPN realisiert diesen als Client-Server-Setup.
Leider fehlt ein *Clientexport*, der komplette Konfigurationspakete für verschiedene OpenVPN-Clients erstellt und zum Download bereitstellt.

Kapitel 3

WireGuard

WireGuard [6] bezeichnet sich selbst als eine schnelle, moderne und sichere VPN-Software. Im Grundprinzip ermöglicht WireGuard die verschlüsselte Kommunikation zwischen zwei Endgeräten. Damit erreicht WireGuard – genau wie jede andere VPN-Software – den gesicherten Datenaustausch über unsichere Transportnetze.

WireGuard möchte vielseitig und einfach sein. Der Hersteller bietet seine Software vorkompiliert für eine Reihe von Betriebssystemen an. Die Einrichtung verläuft unkompliziert, sodass ein VPN-Tunnel bereits nach wenigen Minuten einsatzbereit ist.

WireGuard setzt auf moderne Kryptoalgorithmen. Die Algorithmen wurden so gewählt, dass sie eine exzellente Mischung aus Sicherheit und Leistung ergeben, die selbst ohne Hardwarebeschleunigung fantastische Durchsatzraten bescheren.

Und das Beste ist: WireGuard ist kostenlos nutzbar, quelloffen und wird unter der freien Lizenz GPL veröffentlicht. Damit steht der Verbreitung von WireGuard nichts mehr im Weg.

Vorteile

Wie erreicht WireGuard seine selbst gesteckten Ziele? Die Eigenschaft *extrem einfach* erreicht die Software durch unterschiedliche Ansätze.

Alle Teilnehmer einer VPN-Verbindung verwenden denselben **Verschlüsselungsalgorithmus**. Die Konfigurationsdatei enthält demnach *keine* Al-

gorithmen und die VPN-Verbindung ist schneller aufgebaut, weil keine Aushandlung stattfindet.
Eine hohe Durchsatzrate erreicht WireGuard durch schnelle Algorithmen und die Platzierung vom Programmcode direkt im Kernel. Zugegeben: Wenn eine IPsec-Software dieselben Algorithmen wie WireGuard verwendet, sind auch die Übertragungsraten vergleichbar. Allerdings sind viele IPsec-Implementierungen beim älteren *Advanced Encryption Standard* (AES) stecken geblieben, da es sich international als Standard etabliert hat.

Die WireGuard-Software ist für eine erstaunlich breite Palette von Betriebssystemen verfügbar. Mittlerweile ist die Implementierung sogar in kommerziellen Routern vorzufinden. Die Konfiguration von WireGuard auf Smartphones ist besonders einfach: QR-Code einscannen, Namen eintippen und VPN-Tunnel aufbauen.

Nachteile

Leider bringt das Attribut *extrem einfach* auch Einschränkungen mit. Ein WireGuard-Router akzeptiert eingehende Pakete nur, wenn der Kryptoschlüssel passt. Die Authentifizierung mit Zertifikat, Benutzername mit Kennwort oder einem einzelnen Pre-shared Key ist im Programm nicht vorgesehen.
Die Wahl der Algorithmen entspricht dem heutigen Sicherheitsniveau. Aber was ist morgen oder in vier Jahren? Schwachstellen in der Implementierung oder im verwendeten Algorithmus betreffen *alle* vorhandenen WireGuard-Tunnel. Dann ist händisches Austauschen angesagt – ein Albtraum für die Verantwortlichen von großen Installationen.
Ein WireGuard-Tunnel ist verbindungslos. Es gibt keine periodischen Heartbeat-Pakete, die den Routern einen funktionierenden Tunnel bescheinigen. Wenn Tunnel oder Router defekt sind, bemerkt die Gegenstelle nichts von der veränderten Situation.
Die vorhandene Keepalive-Funktion von WireGuard ermittelt nicht den Status des Tunnels, sondern sendet Pseudopakete, wenn ansonsten kein Datenverkehr ansteht. Damit bleibt die WireGuard-Verbindung in den Tabellen von zwischengeschalteten Firewalls und NAT-Routern bestehen.

WireGuard sieht keine Serverauthentifizierung vor. Der Client muss seinem Server vertrauen, weil er seine Identität nicht überprüfen kann. Hier entsteht Potenzial für *Man in the Middle*-Angriffe.
Die IP-Adressen innerhalb eines WireGuard-Tunnels sind statisch. Client und Server bekommen bei der ersten Einrichtung ihre Adressen, welche fest in der Konfigurationsdatei stehen. Eine Um-Adressierung ist aufwendig und die Anonymität innerhalb des VPN-Verbundes leidet.

Die folgenden Nachteile sind Einschränkungen, die WireGuard im praktischen Einsatz unhandlich machen.

- *UDP*. WireGuard betreibt seine Tunnel über das verbindungslose *User Datagram Protocol* (UDP). Die Wahl ist akzeptabel, lässt aber kein alternatives Transportprotokoll zu, denn TCP ist in manchen Szenarien die bessere Wahl.

- *Layer-3-Modus*. Der WireGuard-Tunnel arbeitet auf Ebene 3 des OSI-Modells. Damit transportiert der Tunnel IP-Pakete und handelt aufgrund von IP-Adressen – vergleichbar mit einem Router. Ein Tunnel auf der Ethernet-Ebene ist mit WireGuard nur mit Tricks und zusätzlicher Software möglich.

- *Proxy*. WireGuard mag keinen Webproxy. Wenn ein Proxyserver den Internetzugriff anbietet, kann WireGuard nicht mitreden und der Client wird seinen Server nicht erreichen.

Arbeitsweise

Im Gegensatz zu einem VPN-Tunnel mit IPsec oder OpenVPN, verzichtet WireGuard auf Formalitäten, wie Zertifikate, DH-Gruppen und Schlüssellängen. Das WireGuard-Kommando wg erstellt für jeden Router ein Schlüsselpaar, von denen der private Schlüssel auf dem Router verbleibt und der öffentliche Schlüssel dem VPN-Partner bekannt sein muss. Über die Kryptoschlüssel authentifizieren sich die Router gegenseitig und bauen den WireGuard-Tunnel auf.
Zu jedem Tunnel gehört eine Liste der „erlaubten IP-Adressen". WireGuard wird ein eingehendes Paket nur akzeptieren, wenn es aus einem IP-Netz

kommt, welches bei `AllowedIPs` aufgeführt ist. Damit ähnelt WireGuard IPsec und unterscheidet sich von OpenVPN.

Cryptokey-Routing

Bevor der TCP/IP-Stack ein Paket per Tunnel verschicken möchte, wirft WireGuard einen Blick in seine Cryptokey-Routingtabelle und fragt sich:

- Ist die Zieladresse bei irgendeiner Gegenstelle als erlaubte IP-Adresse geführt?

- Falls ja, wie lautet der öffentliche Schlüssel dieser Gegenstelle?

Das Paket wird anschließend mit dem gefundenen Kryptomaterial verschlüsselt und geht auf seine Reise zur hinterlegten IP-Adresse.
Die Cryptokey-Routingtabelle ist eine Tabelle mit öffentlichen Schlüsseln und den erlaubten IP-Adressen.
Das Cryptokey-Routing ist ebenfalls bei *ein*gehenden Paketen präsent. Sobald WireGuard ein verschlüsseltes Paket erhält, wird es mit dem passenden Schlüssel entschlüsselt. Anschließend folgt ein Blick auf die inneren IP-Adressen des Pakets. Wenn die Quelladresse zu den erlaubten IPs dieser Gegenstelle passt, wird das Paket weiter transportiert. Wenn nicht, landet es im Bit-Mülleimer.

> **Hinweis**
>
> Die Adressumsetzung von Paketen eines Tunnels bereitet folglich keine Schwierigkeiten, weil WireGuard die äußere IP-Adresse des Absenders nicht prüft.

Was zählt, ist eine korrekte Authentifizierung des eingehenden Pakets und eine passende IP-Adresse innerhalb des Tunnels.

Bei ausgehenden Paketen ähnelt das Cryptokey-Routing dem IP-Routing. Bei eingehenden Paketen agiert das Cryptokey-Routing als Paketfilter für unerwünschte IP-Netze.

Laboraufbau

In diesem Szenario treten die Router RT-1 und RT-3 gegeneinander an, welche durch einen weiteren Router RT-2 miteinander verbunden sind. Dieser Router stellt symbolisch das Internet dar und blockiert private Adressen. Zusätzlich kann er die Absenderadresse der IP-Pakete von RT-1 verändern, um die Tücken der Adressumsetzung in Verbindung mit WireGuard zu prüfen. Abbildung 3.1 zeigt den Laboraufbau.

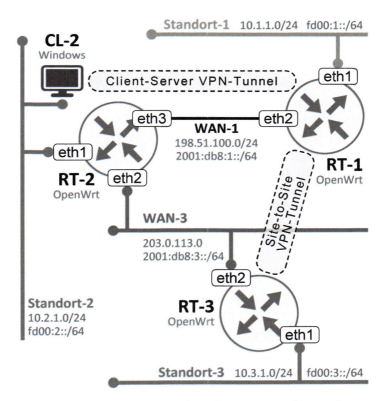

Abbildung 3.1: Laboraufbau für WireGuard-Tunnel

Die VPN-Router RT-1 und RT-3 stellen den VPN-Tunnel für ihre angeschlossenen Netze her. Auf beiden Routern müssen folglich die Routingtabelle und die Liste der erlaubten Adressen vollständig und stimmig sein. Das Ziel ist, dass sich ein Rechner aus Standort 1 mit seinem Gegenüber in Standort 3 unterhalten kann. Der Internetrouter RT-2 wird die direkte Kommunikation *außerhalb* des Tunnels unterbinden.

OpenWrt-Router RT-1 wird zusätzlich zu einem VPN-Server, in den sich mobile Clients einwählen können. Da das Handling von WireGuard unter Linux im ersten Szenario beschrieben wird, gesellen sich ein Windows-Client und ein Smartphone dazu.

Site-to-Site-Tunnel

Endlich ist es Zeit für den ersten WireGuard-Tunnel. Dieser Abschnitt erstellt die kryptografischen Schlüssel, das Tunnel-Interface und baut schließlich eine verschlüsselte Verbindung zwischen zwei OpenWrt-Routern auf. Diese beiden Router transportieren IP-Pakete durch den neuen WireGuard-Tunnel für ihre angeschlossenen Clients.
WireGuard lässt sich als Softwarepaket nachinstallieren und wird per Web-GUI oder Textkonsole konfiguriert.
Zuerst benötigen die OpenWrt-Router die WireGuard-Software. Die Weboberfläche zeigt die zusätzlichen Pakete bei *System → Software*. Auf der Kommandozeile holt der Paketmanager die entscheidenden Pakete auf den lokalen Router. Die Pakete mit `luci` im Namen werden nur benötigt, wenn WireGuard über die Web-GUI konfiguriert werden soll.

```
opkg install wireguard luci-app-wireguard luci-i18n-wireguard-de
```

Kryptomaterial

Nach erfolgreicher Installation der Pakete benötigt jeder Router einen privaten Schlüssel und einen öffentlichen Schlüssel, welche das `wg`-Kommando einzeln erstellt. Es ist unerheblich, welcher Router die Schlüssel erstellt, solange sie gesichert übertragen werden.

```
1  root@RT-1:~# wg genkey
2  UDVTJYS2OmNhmvutgZ3z87b89IiMl2JGwSSxsRBwiHo=
3  root@RT-1:~# echo UDVTJYS2OmNhmvutgZ3z87b89IiMl2JGwSSxtwjwAUA= | wg pubkey
4  CrO61GdNX8JLoLgyDQHPYN4ykxrjMMmJBpU5HyG8SQM=
5  root@RT-1:~# wg genkey
6  4GghtnNnGq5RRG44uvB8z0sLtAJAXdlZ5uA/YGIa1Gk=
7  root@RT-1:~# echo 4GghtnNnGq5RRG44uvB8z0sLtAJAXdlZ5uA/YGIa1Gk= | wg pubkey
8  R0MgCLBbnkXdBQ2V1F12U5BcIUryfDgo88JXhKWC50w=
```

Der erstellte Schlüssel in Zeile 2 ist der private Teil eines Schlüsselpärchens. Er ist ein 32-Byte Curve25519-Punkt und wird im *Base64*-Format angezeigt. Aus diesem privaten Schlüssel ermittelt Zeile 3 den öffentlichen Part. Die Befehle ab Zeile 5 wiederholen den Vorgang für ein Schlüsselpaar für Router RT-3.

Tunnel

Ein neuer WireGuard-Tunnel entsteht als zusätzlicher Netzadapter bei *Netzwerk → Schnittstellen*. Der Button *Neue Schnittstelle hinzufügen* führt zum Dialogfenster für einen neuen Netzadapter. Das Protokoll für die neue Schnittstelle lautet *WireGuard VPN* (Abbildung 3.2).

Abbildung 3.2: OpenWrt behandelt WireGuard-Tunnel als Schnittstellen

Im folgenden Dialog erfragt OpenWrt die Einstellungen für den lokalen Endpunkt des WireGuard-Tunnels. Tabelle 3.1 zeigt die verwendeten Werte. Leider erzeugt OpenWrt nicht automatisch einen privaten Schlüssel. Diesen muss der Anwender irgendwo erstellen und im Feld *Privater Schlüssel* hinterlegen. Im einfachsten Fall passiert das über die Kommandozeile von OpenWrt mit dem Befehl `wg genkey`.
Die Einrichtung der Gegenstelle liegt im Bereich *Verbindungspartner*. Für die verschlüsselte Kommunikation mit Router RT-3 verwendet RT-1 die Einstellungen aus Abbildung 3.3 auf Seite 73. Die Angabe bei *Öffentlicher Schlüssel* ist der Key von RT-3 aus dem Abschnitt *Kryptomaterial*.

Kapitel 3. WireGuard

Einstellung	Wert
Protokoll	WireGuard VPN
Privater Schlüssel	UDVTJYS2OmNhmvutgZ3z87b89IiMun4Lv8s...
Port (lauschen)	13401
IP-Adressen	10.6.44.1/24
	fd00:6:44::1/64

Tabelle 3.1: WireGuard-Settings für den lokalen Tunnelendpunkt auf RT-1

OpenWrt wird die Liste der erlaubten IP-Adressen automatisch in die eigene Routingtabelle aufnehmen, wenn die entsprechende Option gesetzt ist.

Der finale Button *Speichern & Anwenden* beginnt den Tunnelaufbau. Die Gegenstelle RT-3 erhält die Befehle in Listing 3.1 per UCI, um beide Konfigurationsmöglichkeiten zu demonstrieren.

```
1  uci set network.wg0=interface
2  uci set network.wg0.proto='wireguard'
3  uci add network wireguard_wg0
4  uci set network.wg0.private_key='4GghtnNnGq5RRG44uvB8z0sLtAJA[...]'
5  uci set network.wg0.listen_port='13403'
6  uci add_list network.wg0.addresses='10.6.44.3/24'
7  uci add_list network.wg0.addresses='fd00:6:44::3/64'
8  uci set network.@wireguard_wg0[-1].route_allowed_ips='1'
9  uci set network.@wireguard_wg0[-1].public_key='Cr061GdNX8JLoL[...]'
10 uci set network.@wireguard_wg0[-1].description='RT-1'
11 uci add_list network.@wireguard_wg0[-1].allowed_ips='10.1.1.0/24'
12 uci add_list network.@wireguard_wg0[-1].allowed_ips='fd00:1::/64'
13 uci set network.@wireguard_wg0[-1].endpoint_port='13401'
14 uci set network.@wireguard_wg0[-1].endpoint_host='198.51.100.1'
```

Listing 3.1: Router RT-3 erstellt einen neuen WireGuard-Tunnel zu RT-1

Der private Schlüssel in Zeile 4 gehört zu RT-3. Für die Gegenstelle in Zeile 9 muss dieser Router den öffentlichen Schlüssel von RT-1 kennen. In Zeile 14 entscheidet die IP-Adresse (oder die Namensauflösung) darüber, ob der Tunnel IP-Version 4 oder 6 verwendet.

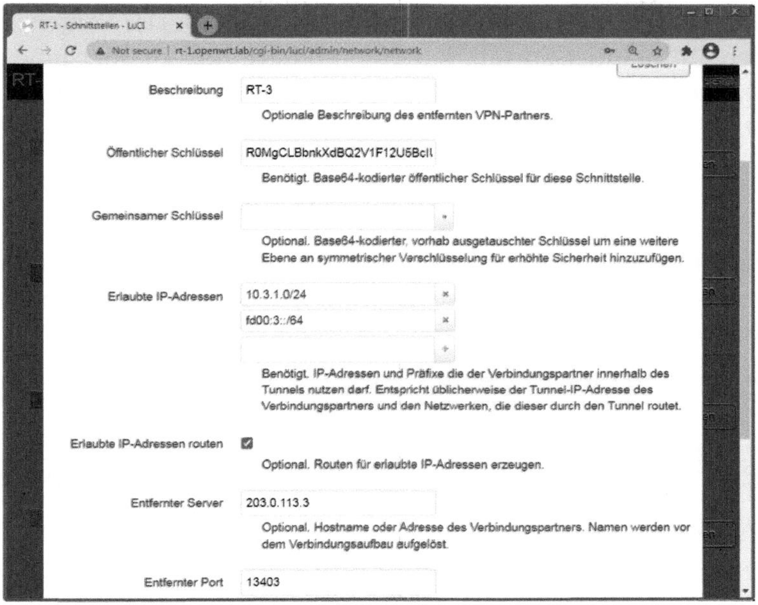

Site-to-Site-Tunnel

Abbildung 3.3: Die Gegenstelle von OpenWrt ist Router RT-3

Firewall

Als gute Firewall blockiert OpenWrt die eingehenden WireGuard-Pakete, da diese das geschützte WAN-Interface erreichen wollen. Mit der Ausnahmeregel aus Listing 3.2 akzeptiert das Regelwerk die unscheinbaren UDP-Pakete. Der Portbereich ist etwas größer dimensioniert, als in diesem Kapitel benötigt, damit etwas „Luft" zum Experimentieren bleibt.

```
uci add firewall rule
uci set firewall.@rule[-1].dest_port='13400-13409'
uci set firewall.@rule[-1].src=wan
uci set firewall.@rule[-1].name=Allow-WireGuard
uci set firewall.@rule[-1].target=ACCEPT
uci add_list firewall.@rule[-1].proto=udp
uci commit ; service firewall restart
```

Listing 3.2: Die OpenWrt-Firewall erlaubt WireGuard-Pakete

Kapitel 3. WireGuard

Anschließend kann sich ein WireGuard-Tunnel bilden. Der Verkehr, welcher *durch* den Tunnel fließen soll, benötigt weitere Regeln oder eine weitere Firewallzone. Die entsprechende Konfiguration ist identisch mit Abschnitt *Regelwerk* (Seite 51) von Kapitel 2 und wird hier nicht erneut beschrieben.

Status

Im Erfolgsfall zeigt der Befehl `wg show` eine steigende Anzahl von übertragenen Paketen an. Alternativ liefert die Weboberfläche in Abbildung 3.4 dieselben Werte.

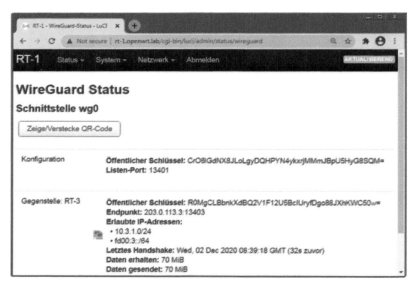

Abbildung 3.4: OpenWrt zeigt den WireGuard-Status über die Web-GUI

Clients

Router bauen VPN-Tunnel und stellen die Netzkonnektivität ihren Clients bereit. Die Clients benötigen keine zusätzliche Software und beteiligen sich nicht an der Verschlüsselung. Aber Endgeräte können ebenfalls selbstständig VPN-Tunnel aufbauen und unabhängig von der umgebenden Infrastruktur benutzen.

Dieser Abschnitt beschreibt den Einsatz von WireGuard auf Computern und Smartphones, die sich per VPN in ein entferntes Netz einwählen. Nach dem Verbindungsaufbau können die Clients auf Dienste im Fremdnetz zugreifen, als wären sie über den VPN-Tunnel eines Routers verbunden.

Windows

Die offizielle Windows-Software vom WireGuard-Entwickler hat erst spät einen stabilen Stand erreicht. Die hauseigene Software läuft auf allen Windows-Clients seit Windows 7. Der enthaltene Tunneltreiber *Wintun* ist eine Eigenentwicklung vom WireGuard-Team und steht ebenfalls unter einer freien Lizenz. Die Software kommt als MSI-Datei und ist mit knapp 4 MB schnell heruntergeladen und installiert.

Das anschließende Hauptfenster der WireGuard-App enthält links unten den Button *Add Tunnel* und die Option *Add empty tunnel* zum Erstellen der Tunnel. Anschließend erwartet das Dialogfenster die WireGuard-Konfiguration im Textformat (Abbildung 3.5). Freundlicherweise enthält die Konfiguration bereits ein Schlüsselpärchen, sodass nur noch die Gegenstelle hinzugefügt werden muss. Listing 3.3 auf der nächsten Seite zeigt die passende Konfiguration.

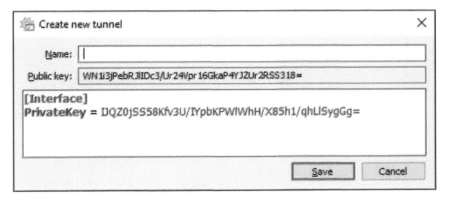

Abbildung 3.5: Die WireGuard-App erstellt einen neuen Tunnel

Der VPN-Server RT-1 benötigt ebenfalls die notwendigen Einstellungen über die neue Gegenstelle. Hierbei ist kein neuer Tunnel nötig, sondern lediglich ein weiterer *Verbindungspartner* des existenten Tunnels *wg0*. Der

Kapitel 3. WireGuard

```
1  [Interface]
2  PrivateKey = IJQZ0jSS58Kfv3U/IYpbKPW1WhH/X85h1/qhLlSygGg=
3  ListenPort = 13451
4  Address = 10.6.51.7/24
5
6  [Peer]
7  PublicKey = CrO6lGdNX8JLoLgyDQHPYN4ykxrjMMmJBpU5HyG8SQM=
8  AllowedIPs = 0.0.0.0/0
9  Endpoint = 198.51.100.1:13401
```

Listing 3.3: WireGuard-Konfiguration unter Windows

public_key aus Zeile 2 ist der öffentliche Schlüssel des Windows-Clients aus Abbildung 3.5.

```
1  uci add network wireguard_wg0
2  uci set network.@wireguard_wg0[-1].public_key='WN1i3jPebRJlID[...]'
3  uci set network.@wireguard_wg0[-1].description=Clients
4  uci add_list network.@wireguard_wg0[-1].allowed_ips=10.6.51.0/24
5  uci add_list network.@wireguard_wg0[-1].allowed_ips=fd00:6:51::/64
6  uci set network.@wireguard_wg0[-1].route_allowed_ips=1
```

Abbildung 3.6: Aufgebauter Tunnel innerhalb der WireGuard-App

Danach baut der Windows-Client den Tunnel per Button *Activate* auf. Im Fehlerfall führt die Registerkarte *Log* zu den Meldungen und ermöglicht die Fehlersuche. Im Erfolgsfall ändert sich der Status zu *Active* und präsentiert ein grünes Icon. Abbildung 3.6 auf der vorherigen Seite zeigt einen verbundenen Tunnel, sowie die öffentlichen Schlüssel und IP-Adressen der Verbindung.
Die verwendete Version ist 0.3.2 unter Windows 10.0.19042.

Smartphones

Für WireGuard ist ein Smartphone ein regulärer Client. Vor der Einrichtung des ersten Tunnels benötigt das Gerät die WireGuard-Software aus dem jeweiligen App-Store. Die iOS/Android-App stammt vom WireGuard-Entwickler, ist kostenfrei und belegt nur ein paar Megabyte im Flash-Speicher. Die folgende Einrichtung orientiert sich an der Implementierung auf einem Apple iPhone.
Auf den mobilen Telefonen ist die händische Konfiguration mühsam. Alternativ zur Texteingabe über die Bildschirmtastatur gibt es die bequeme Variante, bei der das iPhone über die integrierte Kamera einen QR-Code abscannt. Dieser QR-Code enthält die vollständige Konfiguration für die WireGuard-App und das iPhone kann den neuen Tunnel unmittelbar danach verwenden.

Die Gegenstelle ist erneut Router RT-1, der die Konfiguration für seinen neuen iPhone-Partner anlegt und bereitstellt. Seit OpenWrt-Version 19.07.3 kann LuCI auf der Weboberfläche den QR-Code anzeigen, der die Konfiguration enthält. Für ältere Versionen und für ein besseres Verständnis zeigt dieser Abschnitt, wie derselbe QR-Code auf der Kommandozeile entsteht.
Die Konfigurationsdatei aus Listing 3.4 auf der nächsten Seite im WireGuard-Format liegt auf RT-1 und ist für den iPhone-Client gedacht. Der private Schlüssel aus Zeile 2 wird kurzerhand mit `wg genkey` erstellt.
Die IP-Adressen aus Zeile 3 werden dem Client bereits vor dem ersten Tunnelaufbau fest zugewiesen. Wenn der WireGuard-Client *alle* zukünftigen Datenverbindungen durch den Tunnel schicken soll, benötigt dieser die passende Erlaubnis aus Zeile 8, welche die Default-Route auf den Tunnel zeigen lässt. Für die Namensauflösung muss Googles DNS-Server in Zeile 4 herhalten.

Kapitel 3. WireGuard

```
1  [Interface]
2  PrivateKey = sB1u/FVGxptb/XcsSs1z0dN9NdAfhwwCm5BEwvYKdno=
3  Address = 10.6.3.43/24, fd00:6:3::43/64
4  DNS = 8.8.8.8
5  
6  [Peer]
7  PublicKey = CrO61GdNX8JLoLgyDQHPYN4ykxrjMMmJBpU5HyG8SQM=
8  Endpoint = 198.51.110.1:13401
9  AllowedIPs = 0.0.0.0/0, ::/0
```

Listing 3.4: Konfigurationsdatei für einen mobilen Client

Der OpenWrt-Router stellt die fertige Konfiguration per QR-Code bereit. Dazu gibt es das passende Kommando qrencode, welches den QR-Code in einer Textkonsole ausgibt. Unter OpenWrt muss der Paketmanager diesen Befehl einmalig nachinstallieren:

```
opkg install qrencode
qrencode --type=ansiutf8 < iphone.conf
```

Abbildung 3.7: Bereitstellung der WireGuard-Konfiguration per QR-Code

Das iPhone kann den QR-Code mit der WireGuard-App direkt vom Bildschirm einscannen, so wie es Abbildung 3.7 vormacht. Der QR-Code kann auch per E-Mail verschickt werden oder auf Papier ausgedruckt sein, bevor das Smartphone ihn abscannt und benutzt.

> **Hinweis**
>
> Wenn der SSH-Client *PuTTY* benutzt wird, muss der Wert für *Remote character set* auf UTF-8 stehen, damit der QR-Code korrekt dargestellt wird.

Die Konfiguration für RT-1 unterscheidet sich nicht wesentlich von dem vorherigen Client:

```
uci add network wireguard_wg0
uci set network.@wireguard_wg0[-1].route_allowed_ips=1
uci set network.@wireguard_wg0[-1].public_key='mVhNQwcXSBTxMA[...]'
uci set network.@wireguard_wg0[-1].description='iPhone'
uci add_list network.@wireguard_wg0[-1].allowed_ips=10.6.3.43/32
uci add_list network.@wireguard_wg0[-1].allowed_ips= \
   fd00:6:3::43/128
```

Zuletzt kann das Smartphone den Tunnel aufbauen (Abbildung 3.8) und benutzen.

Abbildung 3.8: Apple iPhone als WireGuard-Client

Pre-shared Key

Der *Pre-shared Key* (PSK) ist ein Schlüssel, der beiden VPN-Partnern vor dem Tunnelaufbau bekannt sein muss. Der Pre-shared Key wird zusätzlich zu den öffentlichen Schlüsseln für die Authentifizierung verwendet, um den Tunnel abzusichern.
Der Sicherheitsgewinn des Pre-shared Keys gilt pro Tunnel. Es ist also möglich, einzelne Tunnel mit PSK zu versehen und andere Tunnel im normalen Modus zu betreiben.
Der PSK hat in WireGuard dieselbe Form wie ein öffentlicher Schlüssel. Mit dem wg-Kommando ist ein PSK schnell erstellt:

```
root@RT-1:~# wg genpsk
0rvSAdLCG3Z0M7Qbjwp3zMwaNfRP7NN2Zx054EkdhAw=
```

Ein bereits konfigurierter Tunnel wird kurzerhand um den PSK erweitert. Diese Aufgabe erledigt das Feld *Gemeinsamer Schlüssel* des jeweiligen Verbindungspartners oder der folgende UCI-Befehl:

```
uci set network.@wireguard_wg0[0].preshared_key='0rvSAdLCG3Z0[...]'
```

> **Hinweis**
> Der PSK wird beim Tunnel*aufbau* geprüft. Also bleibt ein bestehender Tunnel unverändert, wenn ihm ein PSK hinzugefügt wird.

Der Pre-shared Key muss auf allen Teilnehmern des Tunnels identisch sein. *Wie* der PSK zum Gegenüber kommt, überlässt WireGuard der Fantasie des Administrators.
Nach einem Neustart des Tunnels benutzen beide Endpunkte den Zusatzschlüssel. Das Werkzeug wg show bestätigt, dass für die angezeigte Gegenstelle ein PSK erwartet wird. Der Schlüssel wird lediglich mit (hidden) dargestellt. WireGuard zeigt die verwendeten PSKs mit:

```
root@RT-1:~# wg show wg0 preshared-keys
R0MgCLBbnkXdBQ2V1F12U5BcIUryfDgo88JXhKWC50w=  \
  0rvSAdLCG3Z0M7Qbjwp3zMwaNfRP7NN2Zx054EkdhAw=
WN1i3jPebRJlIDc3/Ur24Vpr16GkaP4YJZUr2RSS318=       (none)
mVhNQwcXSBTxMAWfSuiajivovxAvHkemJUgCH7X4CDE=       (none)
```

Technischer Hintergrund

WireGuard implementiert die Verschlüsselungsalgorithmen nicht selber, sondern benutzt eine Variante des *Noise Protocol Framework*. Noise hat verschiedene Protokolle und Funktionen im Angebot, die auf dem Diffie-Hellman-Schlüsselaustausch basieren. Noise ist eine fertige Implementierung in verschiedenen Programmiersprachen, darunter auch C und Go, welche perfekt zu WireGuard passen. Noise ist eine Alternative zu *Transport Layer Security* (TLS), aber noch deutlich unbekannter und weniger verbreitet.

Den initialen Schlüsselaustausch gestaltet WireGuard minimal und nennt ihn treffend *1-RTT*. Der Initiator sendet *ein* Paket für die Aushandlung. Darauf antwortet der Responder ebenfalls nur mit *einem* Paket. Die beiden Pakete erhalten genug Informationen, dass beide Parteien daraus den symmetrischen Sitzungsschlüssel errechnen können. Anschließend ist der Tunnel nutzbar und die Datenpakete können fließen. Die ausgetauschten öffentlichen Schlüssel sind 32-Byte lang und das ganze Verfahren ähnelt OpenSSH. WireGuard verwendet die elliptische Kurve *Curve25519* für den 1-RTT Schlüsselaustausch nach Diffie-Hellman.
WireGuard benutzt ChaCha20 für die Verschlüsselung und Poly1305 für die Authentifizierung von Nachrichten. ChaCha20 und Poly1305 sind zusammen seit 2015 die bevorzugte Ersatzverschlüsselung, falls der Platzhirsch AES mal geknackt wird. Dabei ist ChaCha20 nicht schlechter oder langsamer als AES, aber neue Algorithmen müssen sich erst mal auf dem Markt etablieren, bevor sie in die Anwendungen einziehen.

WireGuard kann einen zusätzlichen Schlüssel für die Authentifizierung verwenden. Dieser Schlüssel muss beiden Parteien bekannt sein und fließt in die initiale Aushandlung mit ein. Der Schlüssel ist symmetrisch und 32-Byte lang. Er hat die gleiche Form wie der öffentliche (oder private) Schlüssel einer Gegenstelle, wobei der Pre-shared Key (PSK) ohne elliptische Kurve arbeitet.
Hinter den Kulissen verwendet WireGuard *immer* einen Pre-shared Key. Wenn bei der Einrichtung auf den PSK verzichtet wird, benutzt WireGuard intern einen PSK, der aus Nullen besteht.

Mit dem Pre-shared Key stärkt WireGuard sein Sicherheitsmodell durch eine weitere Schicht symmetrischer Verschlüsselung. Der Entwickler von WireGuard rechtfertigt den PSK dadurch, dass aufgezeichnete Tunnelpakete auch dann noch vertraulich sind, wenn Curve25519 geknackt wird. Andersherum, wenn der Pre-shared Key kompromittiert ist, garantieren die Curve25519-Schlüssel für die Sicherheit der Tunnelinhalte.

Zusammenfassung

WireGuard ist eine moderne, schlichte und simple VPN-Software, die in vielen Einsatzgebieten punkten kann. Die Installation und Konfiguration sind einfach gehalten und erinnern an den Verbindungsaufbau von SSH: Schlüssel austauschen und loslegen. Die Kryptoalgorithmen sind modern und erreichen ein hohes Maß an Sicherheit. Die Durchsatzrate ist bemerkenswert und wird dadurch erreicht, dass die Software tief im Linux-Kernel läuft.

Durch verschiedene Einschränkungen ist WireGuard keine eierlegende Wollmilchsau und wird die vorhandenen VPN-Techniken nicht ersetzen, sondern ergänzen.

Kapitel 4

OpenConnect

OpenConnect ist eine VPN-Implementierung, welche die Techniken und Übertragungsmethoden des *World Wide Web* verwendet. Der Verbindungsaufbau läuft über HTTP, die Verschlüsselung basiert auf dem TLS-Protokoll, die Authentifizierung benutzt Zertifikate und jeder Client erhält nach der Anmeldung ein Cookie. Durch die Ähnlichkeit mit einem Webzugriff wird OpenConnect als „Web VPN" oder SSL-VPN bezeichnet.

Ursprünglich war OpenConnect kein eigenständiges VPN-Produkt, sondern wollte kompatibel mit *Cisco AnyConnect* sein. Die Client-Komponente openconnect ist in der Lage, eine VPN-Verbindung mit einem AnyConnect-Server aufzubauen. Die Server-Komponente ocserv bietet einen VPN-Dienst, den AnyConnect-Clients für die VPN-Einwahl nutzen können.

Laboraufbau

Das Demonetz untersucht OpenConnect als Client und als Server. Router RT-1 wird der OpenConnect-Client, der sich in einen Cisco-Router mit aktivem AnyConnect-VPN einwählt. Die Konfiguration des Cisco-Routers ist über Anhang A erhältlich und wird nicht weiter besprochen.

Anschließend erhält Router RT-3 die Server-Software von OpenConnect, sowie die passende Einrichtung für die Einwahl von AnyConnect-Clients aus Standort-1. Nach der Basiskonfiguration verteilt RT-3 Zertifikate an seine Clients, damit die Authentifizierung sicherer und bequemer ablaufen kann.

Kapitel 4. OpenConnect

Das Labornetz ist in Abbildung 4.1 dargestellt. Die Aufgabe von RT-2 ist der Transport der VPN-Verbindung zwischen den Endgeräten. Dabei wird RT-2 den Zugriff von privaten Adressen unterbinden, so wie es im Internet üblich ist.

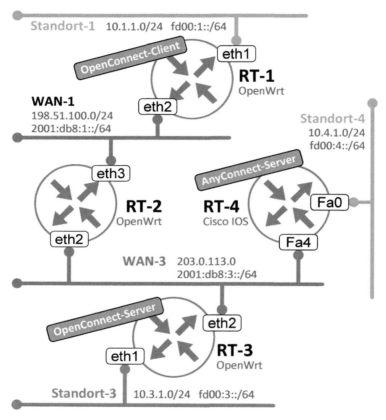

Abbildung 4.1: Laboraufbau mit einem Cisco-Router als Gast

OpenConnect als Client

Die Clientsoftware liegt im Repository von OpenWrt und ist nach einem kurzen Aufruf des Paketmanagers im lokalen Router einsatzbereit:

```
opkg install openconnect luci-proto-openconnect
```

OpenConnect als Client

Für die Verbindung mit einem AnyConnect-Server benötigt OpenWrt einen neuen Netzadapter bei *Netzwerk → Schnittstellen*. Die neue **Schnittstelle** verwendet das Protokoll *OpenConnect (Cisco AnyConnect)* und benötigt einen passenden Namen, wie beispielsweise *vpn0*. Der Button *Schnittstelle anlegen* führt zu einem Dialogfenster rund um VPN-Einstellungen und Zertifikate.

Für die Einwahl in den AnyConnect-Server verwendet RT-1 die **Settings** aus Abbildung 4.2. Die entsprechenden UCI-Befehle stehen in Listing 4.1.

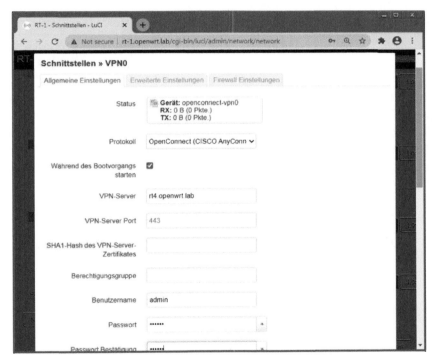

Abbildung 4.2: Der OpenConnect-Client entsteht als neues Interface

Es ist notwendig, dass OpenWrt den AnyConnect-Server über **einen Host**namen anspricht, der im TLS-Zertifikat steht. Die letzten drei Zeilen aus Listing 4.1 legen dafür einen statischen Host-Eintrag an. Bei Differenzen meldet OpenConnect Fehler wie:

```
Sat Oct 31 20:49:44 2020 daemon.info openconnect[10731]: Server \
   certificate verify failed: certificate does not match hostname
```

85

Kapitel 4. OpenConnect

```
1  uci set network.vpn0=interface
2  uci set network.vpn0.proto='openconnect'
3  uci set network.vpn0.username='admin'
4  uci set network.vpn0.password2='geheimes_kennwort'
5  uci set network.vpn0.password='geheimes_kennwort'
6  uci set network.vpn0.server='rt4.openwrt.lab'
7  uci set network.vpn0.defaultroute='0'

8  uci add dhcp domain
9  uci set dhcp.@domain[-1].name='rt4.openwrt.lab'
10 uci set dhcp.@domain[-1].ip='203.0.113.4'
```

Listing 4.1: UCI-Befehle für die Einwahl per AnyConnect

OpenConnect startet die VPN-Einwahl, sobald OpenWrt die Konfiguration gespeichert und aktiviert hat. Wenn die Verbindung erfolgreich war, zeigt LuCI bei der neuen VPN-Schnittstelle die erhaltene IP-Adresse und einen Zahlenwert für ausgehenden Datenverkehr (Abbildung 4.3). Im Fehlerfall berichtet openconnect seinen Misserfolg unter *Status → Systemprotokoll* oder per CLI-Befehl `logread`.

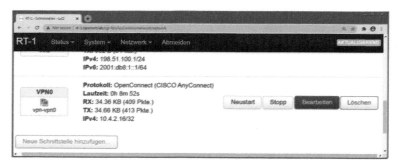

Abbildung 4.3: Die OpenConnect-Schnittstelle nach erfolgreicher VPN-Einwahl

Fehlersuche

OpenWrt ruft im Hintergrund bei der Einwahl den Befehl `openconnect` auf. Dieser lässt sich für die Fehlersuche mit der Option `--verbose` starten, um die Logfreudigkeit zu erhöhen. OpenWrt berichtet im System-Log über die verwendeten Parameter von openconnect. Der wortreiche Aufruf zur Konfiguration aus Listing 4.1 lautet:

```
openconnect rt4.openwrt.lab:443 --interface=vpn-vpn0 --verbose \
  --cafile=/etc/openconnect/ca-vpn-vpn0.pem --user=admin \
  --passwd-on-stdin
```

In der folgenden Ausgabe berichtet openconnect über die Schwierigkeiten, die auf der Client-Seite sichtbar sind. Für ein vollständiges Troubleshooting sollten auch die Logs des AnyConnect-Servers herangezogen werden.
Falls die Einwahl erfolgreich war, aber kein Datenverkehr durch den VPN-Tunnel fließt, verschiebt sich die Ursache zum Routing. Welche IP-Netze sind per VPN erreichbar? Die Routingtabelle von OpenWrt gibt darüber Auskunft:

```
root@RT-1:~# ip route | grep vpn
10.4.1.0/24 dev vpn-vpn0 scope link
10.4.2.0/24 dev vpn-vpn0 scope link
```

In diesem Beispiel hat der VPN-Server seinem neuen Client mehrere IPv4-Netze zugewiesen, die RT-1 in seiner lokalen Routingtabelle einträgt.

OpenConnect als Server

In vertauschten Rollen kann OpenConnect als VPN-*Server* auftreten und AnyConnect-Clients die Einwahl ermöglichen. Dabei verhält sich OpenConnect genauso, wie die Clientsoftware von Cisco es erwartet.
OpenWrt hält den OpenConnect-Server im Repository bereit und spendiert sogar eine Stückchen Weboberfläche für die Konfiguration in LuCI. Die Installation erfolgt per Paketmanager:

```
opkg install ocserv luci-app-ocserv luci-i18n-ocserv-de
```

Im Hintergrund generiert die Software eine selbstsignierte Zertifizierungsstelle (Certificate Authority, CA) und stellt sich sogleich ein Serverzertifikat aus. Ein händischer Eingriff ist nur erforderlich, wenn bereits eine CA vorhanden ist und diese verwendet werden soll. Die folgenden Abschnitte benutzen die neue CA.

Kapitel 4. OpenConnect

Einrichtung

LuCI platziert den neuen Dienst im Webmenü unter *VPN → OpenConnect VPN*. Trotz des deutschen Sprachpakets sind viele Begriffe nur auf Englisch sichtbar.

Die Weboberfläche gestattet den zukünftigen VPN-Clients die Authentifizierung mit Benutzername und Kennwort. Dazu kann OpenConnect eigene Benutzerkonten führen oder auf die Authentifizierungsmodule von Linux (PAM) zurückgreifen. Für einen funktionalen VPN-Server verwendet Router RT-3 die Einstellungen aus Tabelle 4.1. Auf der Kommandozeile verwandelt UCI den Serverwunsch mit entsprechenden Befehlen:

```
uci set ocserv.config.enable='1'
uci set ocserv.config.auth='plain'
uci set ocserv.config.port='443'
uci set ocserv.config.udp='1'
uci set ocserv.config.cisco_compat='1'
uci set ocserv.config.ipaddr='10.3.2.0'
uci set ocserv.config.netmask='255.255.255.0'
uci set ocserv.config.ip6addr='fd00:3:2::/64'
```

OpenWrt erstellt im Hintergrund eine Firewallregel, welche die Verbindungen auf dem gewählten Port gestattet, ohne das ein händischer Eingriff in das Regelwerk notwendig ist.

Einstellung	Wert
Enable server	☑
User Authentication	plain
Port	443
Enable UDP	☑
AnyConnect client compatibility	☑
VPN IPv4-Network-Address	10.3.2.0
VPN IPv4-Netmask	255.255.255.0
VPN IPv6-Network-Address	fd00:3:2::/64

Tabelle 4.1: Der *OpenConnect VPN*-Server entsteht

OpenConnect verwaltet die Benutzer im Bereich *User Settings*. Ein neues Konto benötigt lediglich einen eindeutigen Namen und ein Kennwort.

> **Achtung**
>
> Die Weboberfläche zeigt das Kennwort beim Eintippen im Klartext an. Erst nach einem Klick auf die Schaltfläche *Hinzufügen* verwandelt sich das Passwort in einen verschlüsselten String. Gespeichert werden die Passwörter stets verschlüsselt.

Nachdem LuCI die Einstellungen erhalten und aktiviert hat, kann sich ein AnyConnect-Client einwählen.

Mit dieser Konfiguration arbeitet die VPN-Verbindung im *Full-Tunnel*-Modus, bei dem der Client *alle* Verbindungen in den Tunnel sendet. Wenn nur einzelne IP-Netze per Tunnel erreichbar sein sollen, muss der VPN-Server diese Information beim Verbindungsaufbau mitteilen. Im folgenden Beispiel sollen die VPN-Clients nur das Netz von Standort-3 per Tunnel erreichen:

```
uci add ocserv routes
uci set ocserv.@routes[-1].ip='10.3.1.0'
uci set ocserv.@routes[-1].netmask='255.255.255.0'
uci add ocserv routes
uci set ocserv.@routes[-1].ip='fd00:3:1::'
uci set ocserv.@routes[-1].netmask='64'
```

Die Konfiguration der Routen platziert LuCI bei *Allgemeine Einstellungen* im Abschnitt *Routing table*. Der AnyConnect-Client akzeptiert das IP-Netz und zeigt es in Abbildung 4.4 als gesicherte Route an.

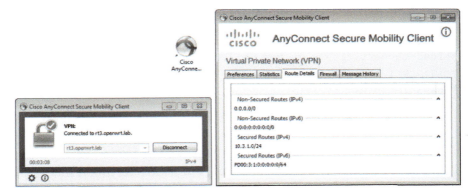

Abbildung 4.4: Der AnyConnect-Client lernt die IP-Netze hinter dem Tunnel

Kontrolle

Die Installation von OpenConnect enthält das Kontroll-Tool `occtl`, welches den Serverprozess steuert und ihm Informationen entlocken kann. Dazu gehören die verbundenen User, blockierte IP-Adressen, allgemeine Statistiken und Meldungen. Darüber hinaus kann `occtl` einzelne VPN-Verbindungen trennen, Blockaden entfernen und den VPN-Dienst neu starten.

```
root@RT-3:~# occtl show users
   id       user           ip       vpn-ip device   since     dtls-cipher      status
 9874    scooper  198.51.100.1  10.3.2.62  vpns0   8m:20s  (AES-256-GCM)   connected
```

Eine Übersicht aller Befehle zeigt `occtl help`.

Server-Zertifikat

Da die Installation bisher nicht auf korrekte Zertifikate geachtet hat, wird die AnyConnect-App eine hässliche Warnung anzeigen oder (je nach Konfiguration) die Verbindung verweigern. Und das aus gutem Grund, denn das angebotene Serverzertifikat von OpenConnect lautet auf den Hostnamen des Routers.

Weder LuCI noch UCI bieten eine bequeme Methode an, um ein passendes Zertifikat auszustellen. Diese Aufgabe erledigt Listing 4.2 mithilfe des `certtool`-Befehls, den auch OpenConnect im Hintergrund einsetzt.

```
1  sed -i -e 's/^cn=.*/cn=rt3.openwrt.lab/' /etc/ocserv/pki/server.tmpl
2  certtool --generate-certificate --template pki/server.tmpl \
3    --load-ca-certificate ca.pem  --load-ca-privkey ca-key.pem \
4    --load-privkey server-key.pem --outfile server-cert.pem
5  /etc/init.d/ocserv restart
```

Listing 4.2: Der OpenConnect-Server erhält ein passendes Zertifikat

Zeile 1 platziert den vollqualifizierten Hostnamen in der Vorlagendatei und `certtool` fabriziert daraus in Zeile 2 ein neues Zertifikat mit passendem Namen. Der OpenConnect-Dienst erfährt diese Änderung durch einen Neustart in Zeile 5. Da das Zertifikat von der neuen CA stammt (Zeile 3), müssen die VPN-Clients dieser CA ihr Vertrauen aussprechen. Praktisch bedeutet dies, dass das CA-Zertifikat seinen Weg in den Zertifikatsstore aller Clients finden muss.

Das Zertifikat hält LuCI bei *VPN → OpenConnect VPN → CA-Zertifikat*. Auf der Kommandozeile heißt die entsprechende Datei /etc/ocserv/ca.pem – je nach Betriebssystem ist auch die Dateiendung .crt üblich.

Bei Microsoft Windows genügt ein Doppelklick auf die Datei, worauf ein Wizard den Import übernimmt. Während des Importvorgangs ist darauf zu achten, dass der Zertifikatsspeicher *Vertrauenswürdige Stammzertifizierungsstellen* als Ziel herhält.

Im letzten Schritt muss der gewählte Hostname in eine IP-Adresse auflösbar sein. Für das Beispiel muss der VPN-Client den Zielserver *rt3.openwrt.lab* in seine öffentliche IP-Adresse 203.0.113.3 (siehe Abbildung 4.1 auf Seite 84) auflösen können. Üblicherweise reicht hier ein Eintrag im DNS-Server vom Typ A (IPv4) oder AAAA (IPv6).

Nachdem der Server und die Clients mit Zertifikaten ausgestattet sind, wird der AnyConnect-Client ohne Warnung eine VPN-Einwahl hinlegen. Die Frage nach dem Benutzernamen und dem Kennwort bleibt, denn es gibt keine Möglichkeit zum Speichern des Kennworts. Dieser Umstand ist bei komplexen Kennwörtern aufwendig und bei der wiederholten Eingabe auf einer Smartphone-Tastatur sehr lästig. Wenn sich die AnyConnect-App schnell und einfach verbinden soll, bleibt nur die Authentifizierung per Client-Zertifikat.

Client-Zertifikat

Der VPN-Server kann für die Anmeldung neben dem Benutzerkennwort auch ein Client-Zertifikat verlangen. Erst wenn der Client ein gültiges Zertifikat präsentiert, welches von der eigenen Zertifizierungsstelle signiert ist, wird der VPN-Server den Verbindungsaufbau gestatten.

OpenWrt hat die Verwaltung von Zertifikaten nicht in die Weboberfläche eingebaut, da ein Router üblicherweise nicht als Zertifizierungsstelle fungiert. Für die Beispiele in diesem Kapitel wird OpenWrt dennoch zur CA, damit keine weitere Software die Einrichtung verkompliziert.

Der Umstieg auf zertifikatsbasierte Authentifizierung läuft über eine separate Konfigurationsdatei, da das Webmenü von OpenConnect diese Option nicht anbietet.

Kapitel 4. OpenConnect

```
1  cat <<EOF >> /etc/ocserv/ocserv.conf.local
2  auth = "certificate"
3  cert-user-oid = 0.9.2342.19200300.100.1.1
4  ca-cert = /etc/ocserv/ca.pem
5  EOF
6  /etc/init.d/ocserv restart
```

Ohne die Anweisung in Zeile 3 weigert sich `ocserv` in Zeile 6 zu starten. Anschließend wird der OpenConnect-Dienst seine Clients bei der VPN-Einwahl um ein Zertifikat bitten.

Wer erstellt die Client-Zertifikate? Grundsätzlich ist das die Aufgabe einer CA, und in diesem Beispiel übernimmt die bereits vorhandene CA auf Router RT-3 diese Aufgabe. Als Kommando eignet sich erneut `certtool`, da es bereits installiert ist und ebenfalls die Beispiele in der Dokumentation von OpenConnect füllt.

Der Workflow in Listing 4.3 erstellt ein Zertifikat für einen beispielhaften Benutzer. Der verwendete Benutzername in Zeile 1 taucht nach der Authentifizierung in der Liste der *Active users* von OpenConnect auf. Wenn der bürgerliche Name im Zertifikat stehen soll, ist in Zeile 5 der richtige Platz dafür.

Zuerst generiert `certtool` in Zeile 3 einen privaten Schlüssel und legt diesen in Dateiform ab. Für das Zertifikat benötigt `certtool` eine Vorlagendatei, welche ab Zeile 4 entsteht und das gewünschte Zertifikat beschreibt. Das Passwort in Zeile 9 schützt den privaten Schlüssel und wird später vom Anwender beim Importvorgang benötigt. Betriebssysteme, wie Apple iOS, weigern sich Zertifikate zu importieren, die kein Passwort haben.

Aus der Vorlagendatei, dem privaten Schlüssel von CA und Anwender, dem CA-Zertifikat entsteht in Zeile 14 endlich das Client-Zertifikat. Zuletzt verpackt Zeile 17 alle benötigten Dateien in einer handlichen *PKCS 12*-Datei, die dem Anwender zur Verfügung gestellt wird.

Damit ist die Aufgabe der CA abgeschlossen und die p12-Datei muss über einen sicheren Kanal seinen neuen Besitzer erreichen. Dieser öffnet die p12-Datei und lässt sein Betriebssystem – nach Eingabe des Passworts – die Zertifikate abspeichern. Bei Microsoft Windows liegt nach dem Importwizard das CA-Zertifikat bei *Vertrauenswürdigen Stammzertifizierungsstellen*, und das Client-Zertifikat taucht bei *Eigene Zertifikate* auf.

```
 1  username=scooper
 2  cd /etc/ocserv/pki/
 3  certtool --generate-privkey --outfile $username-key.pem
 4  cat << _EOF_ >$username.tmpl
 5  cn = "Sheldon Cooper"
 6  uid = "$username"
 7  unit = "users"
 8  expiration_days = 365
 9  password = "123456"
10  pkcs12_key_name = "AnyConnect SSL VPN"
11  signing_key
12  tls_www_client
13  _EOF_
14  certtool --generate-certificate --load-privkey $username-key.pem \
15     --load-ca-certificate ../ca.pem --load-ca-privkey ../ca-key.pem \
16     --template $username.tmpl --outfile $username-cert.pem
17  certtool --to-p12 --load-ca-certificate ../ca.pem \
18     --load-certificate $username-cert.pem \
19     --load-privkey $username-key.pem \
20     --template $username.tmpl --outder --outfile $username.p12
```

Listing 4.3: OpenWrt erstellt Client-Zertifikate für die VPN-Einwahl

> **Hinweis**
>
> Für den weiteren Betrieb sind die soeben erstellten Dateien auf dem VPN-Server nicht notwendig. Es empfiehlt sich, die kryptografischen Dateien vom Server zu löschen und nur die Client-Zertifikate (z. B. `username-cert.pem`) zu behalten, da diese für eine Zertifikatsperrliste (siehe Seite 95) eventuell benötigt werden.

Wenn alle Schritte erfolgreich waren, kann sich der AnyConnect-Client ohne Warnungen und ohne Passworteingabe gegenüber dem OpenConnect-VPN-Server authentifizieren.

Fehlersuche

OpenConnect kann in seiner Logdatei aussagestarke Meldungen hinterlassen. Falls die Aussage dennoch zu schwammig ist, erlaubt OpenConnect die eigene Geschwätzigkeit zu erhöhen. Der ocserv-Prozess erhält sein

Debug-Level beim Programmstart, also wird ein Neustart des Daemons für die folgende Fehlersuche alle VPN-Verbindungen zu den Clients trennen:

```
/etc/init.d/ocserv stop
ocserv --foreground --config=/var/etc/ocserv.conf --debug=9
```

Nach dem Neustart informiert OpenConnect über jeden Arbeitsschritt und berichtet seine Tätigkeit im Konsolenfenster.

Fehlerbilder

Die folgenden Meldungen zeigen typische Fehlerbilder bei Problemen oder Unterschieden in der Konfiguration.

Client-Zertifikat fehlt

```
ocserv[11562]: worker: 198.51.100.1 no certificate provided for \
   authentication
```

Der VPN-Server erwartet für die Anmeldung ein Client-Zertifikat, hat aber keines erhalten. Die weitere Fehlersuche konzentriert sich auf den AnyConnect-Client und seinen Zertifikatsstore.

IP-Adresse blockiert

```
ocserv[7294]: main: added 1 points (total 23) for IP \
   '198.51.100.1' to ban list
```

Nach mehreren gescheiterten Anmeldeversuchen wird OpenConnect die Absender-IP-Adresse blockieren, um eine Denial-of-Service-Attacke zu erschweren. In der Voreinstellung bleibt die Blockade für zwanzig Minuten bestehen – erst danach kann der Client eine erfolgreiche Verbindung aufbauen. Ein händisches Entfernen des Sperreintrags ist vorzeitig möglich mit:

```
occtl unban ip 198.51.100.1
```

Benutzername unterschiedlich

```
ocserv[4112]: sec-mod: user 'admin' (session: JS8MkL) presented \
    a certificate which is for user 'scooper'; rejecting
```

Der OpenConnect-Server erwartet eine Einwahl mit Passwort *und* Zertifikat. Der einwählende User hat ein Zertifikat vorgelegt, sich aber mit einem abweichenden Benutzernamen angemeldet. Aus Sicherheitsgründen verweigert OpenConnect das Login.

Beim Ausstellen des Zertifikats ist darauf zu achten, dass der Inhalt von Feld `uid` (Zeile 6 in Listing 4.3) exakt dem Benutzernamen entspricht.

Verbindungsabbrüche

Während der Konfiguration am OpenConnect-VPN-Server kann es zu Verbindungsabbrüchen mit den VPN-Clients kommen. Dies ist ein normales Verhalten, denn jede Änderung, die LuCI per *Speichern & Anwenden* freigibt, bedeutet einen Neustart des `ocserv`-Dienstes. Als Folge trennt der Dienst die Verbindungen zu seinen Clients, bevor er sich selber beendet. Alternativ lässt sich OpenConnect per UCI konfigurieren und die Änderungen mit einem sanften *reload* aktivieren. Diese Anweisung wird den Dienst *nicht* neu starten, sondern ihn nur anweisen, seine Konfiguration neu einzulesen:

```
/etc/init.d/ocserv reload
```

Ausblick

OpenConnect wollte eine kompatible VPN-Gegenstelle zu Cisco AnyConnect sein. Nachdem die Entwickler damit Erfolg hatten, haben sie sich an andere große Netzwerkausrüster mit VPN-Produkten herangetastet. Das Ergebnis ist ein OpenConnect-Client, der sich mit den SSL-VPNs von Juniper und Palo Alto versteht.

Zertifikatsperrliste

Es gibt gute Gründe, warum ein Zertifikat *vor* seinem Ablaufdatum ungültig werden kann. Dazu gehören Verlust oder Diebstahl des privaten Schlüssels.

Im einfachsten Fall soll der VPN-Zugang für den entsprechenden Benutzer gesperrt werden.

Eine *Zertifikatsperrliste* (Certificate Revocation List, CRL) enthält eine Liste von Zertifikaten, die der Administrator für ungültig erklärt hat. Der VPN-Server muss vor der Einwahl eines VPN-Clients prüfen, ob das angebotene Zertifikat auf der bösen Liste steht und die Einwahl entsprechend verhindern.

OpenConnect kann eine Zertifikatsperrliste kontaktieren, wobei dieses Feature in der Voreinstellung inaktiv ist. Mit einer einzelnen Anweisung der Konfigurationsdatei lädt ocserv die CRL-Datei.

```
cat <<EOF >> /etc/ocserv/ocserv.conf.local
crl = /etc/ocserv/crl.pem
EOF
```

Sollte der VPN-Zugang eines Benutzers widerrufen werden, setzt das folgende Kommando sein Zertifikat auf die Sperrliste und informiert den OpenConnect-Dienst:

```
cd /etc/ocserv/
certtool --generate-crl --outfile crl.pem \
  --load-ca-privkey ca-key.pem --load-ca-certificate ca.pem \
  --load-certificate pki/scooper-cert.pem
service ocserv restart
```

Anschließend ist ein VPN-Login mit diesem Zertifikat nicht mehr möglich. Der Client erhält nur die übliche Fehlermeldung, dass die Einwahl gescheitert ist.

Zwei-Faktor-Authentifizierung

OpenConnect kann für die Einwahl von VPN-Usern Zertifikate *und* ein Passwort verlangen und damit eine Zwei-Faktor-Authentifizierung realisieren. Während das Zertifikat im Hintergrund validiert wird, verlangt der AnyConnect-Client bei jeder Anmeldung zusätzlich einen Benutzernamen plus Kennwort (siehe Seite 91). Dabei muss der verwendete Login-Name mit dem Namen im Zertifikat (Zeile 6 in Listing 4.3) übereinstimmen.

Für die Zwei-Faktor-Authentifizierung muss die Konfigurationsdatei von OpenConnect `/etc/ocserv/ocserv.conf.local` zwei Anmeldeformen enthalten. Bei Anmeldung per Zertifikat und Benutzerkonto lautet die neue Zeile:

```
auth = "certificate,plain[passwd=/var/etc/ocpasswd]"
```

Grundsätzlich beherrscht OpenConnect auch die Anmeldung per Einmal-Passwort. Leider wurde die `ocserv`-Binärdatei ohne Unterstützung für *liboath* kompiliert und die Bibliothek `pam_oath.so` fehlt ebenfalls, sodass OpenWrt dieses Feature nicht anbieten kann.

Technischer Hintergrund

Der AnyConnect-VPN verwendet das HTTP-Protokoll für die Anmeldung. Der VPN-Server ist letztendlich ein Webserver, der sich per Zertifikat ausweist und vom Client eine Authentifizierung erfordert. Nach erfolgreicher Anmeldung erhält der Client ein Cookie. Anschließend nutzt der Client die *HTTP CONNECT*-Methode, um den Tunnel anzufragen. Der Server kommt dem Wunsch nach und weist dem Client eine IP-Adresse und Netzrouten zu. Danach können beide Parteien über die HTTPS-Verbindung Daten austauschen.

Wenn TCP-Verbindungen per HTTPS übertragen werden, entstehen viel Overhead und Verzögerungen. Für einen flüssigen Datenaustausch setzt AnyConnect auf verschlüsseltes UDP: *Datagram Transport Layer Security* (DTLS). Der Einsatz von DTLS wird beim Verbindungsaufbau ausgehandelt. Der OpenConnect-Server bietet DTLS an, wenn die Einstellung *Enable UDP* aktiv ist (Tabelle 4.1 auf Seite 88). Andernfalls bauen die VPN-Teilnehmer keine zusätzliche DTLS-Verbindung auf und kommunizieren über HTTPS.

Bei kurzen Unterbrechungen der Verbindung, oder wenn der VPN-Client das IP-Netz wechselt, erkennt der Server die Verbindung aufgrund des Cookies wieder. Der AnyConnect-Client bleibt verbunden und muss keine erneute Authentifizierung durchlaufen.

Der OpenConnect-Server `ocserv` arbeitet als Linux-Dienst und horcht auf den konfigurierten Ports – sowohl TCP (für HTTPS) als auch UDP (für DTLS). Die Kommunikation mit dem Kontrollkommando `occtl` läuft über einen UNIX-Socket.

Alle Einstellungen liest der OpenConnect-Server aus seiner Konfigurationsdatei /var/etc/ocserv.conf, die OpenWrt dynamisch erstellt. Nach dem Start von ocserv spaltet sich dieser in den Elternprozess (ocserv-main) und den Kindprozess (ocserv-sm). Der Elternprozess kümmert sich um die VPN-Clients, während der Kindprozess separart arbeitet und auf die Benutzerdaten und den privaten Schlüssel aufpasst. Darüber hinaus sperrt der Entwickler den Elternprozess in eine Sandbox, um ein Abfließen von sensiblen Daten zwischen den beiden Prozessen zu verhindern.

Zusammenfassung

OpenConnect ist das Open-Source-Gegenstück zur Closed-Source-Lösung *Cisco AnyConnect*. Der OpenConnect-*Client* verbindet sich mit dem AnyConnect-Server und der OpenConnect-*Server* bietet eine VPN-Einwahl für die AnyConnect-App. Unter der Haube täuscht OpenConnect seiner Gegenstelle ein Cisco-Produkt vor, welches sich genauso wie das Original verhält. Die Authentifizierung erfolgt wahlweise per Benutzerkennwort, Zertifikat oder Einmalpasswort, wobei OpenWrt diese Methode nicht implementiert. Die transportierten Daten verschlüsselt OpenConnect per TLS und versendet sie über TCP (HTTPS) oder UDP (DTLS).

Kapitel 5

Tinc

Tinc ist eine quelloffene VPN-Software mit dem Fokus auf Vollvermaschung. Tinc baut zwischen zwei Systemen einen VPN-Tunnel auf und verbindet damit die angeschlossenen Netze. Was hier noch ziemlich unspektakulär erscheint, wird bei steigender Zahl der VPN-Gateways interessant. Denn mit Tinc verbinden sich alle Gateways miteinander, auch wenn zwischen ihnen kein direkter Tunnel konfiguriert ist. Das Ergebnis ist eine Vollvermaschung. Falls einer der VPN-Tunnel ausfällt, findet die Software über die verbleibenden VPN-Knoten einen alternativen Weg zum Ziel.

Tinc möchte einfach, robust und sicher sein. Das Attribut *einfach* bezieht sich auf den Aufbau einer VPN-Verbindung. Es gibt keinen Austausch von Zertifikaten oder lange Verhandlungen über die besten Crypto-Algorithmen. Das VPN-Netz ist *robust*, indem es aus vielen Tunneln besteht. Alle Tinc-Knoten prüfen permanent ihre gegenseitige Erreichbarkeit, bauen neue Tunnel auf und optimieren ihre Pfadtabellen auf kurze Wege. Ein händischer Eingriff seitens des Administrators ist nicht notwendig. Für die Router in Abbildung 5.1 auf der nächsten Seite würde Tinc automatisch RT-2 mit RT-3 verbinden, um eine Kommunikation der angeschlossenen Netze zu ermöglichen.
Die Forderung nach Sicherheit darf bei keiner VPN-Software fehlen und Tinc reagiert darauf mit vorausgewählten starken Algorithmen, dem Einsatz von bekannten Bibliotheken und geht offen mit Programmfehlern und Sicherheitslöchern um.

Kapitel 5. Tinc

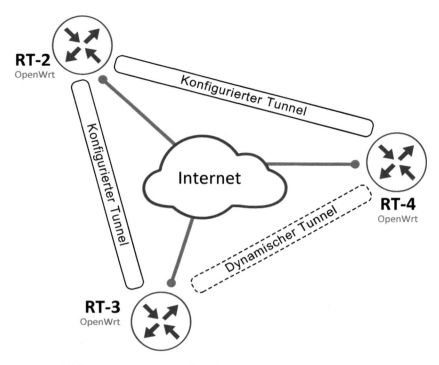

Abbildung 5.1: Tinc verbindet Router per Mesh-Netzwerk

Tinc verschlüsselt seine Pakete nicht mit IPsec, sondern mit einem eigenen Sicherheitsprotokoll. Es bezieht seine Algorithmen von OpenSSL und basiert auf AES-256 für die Verschlüsselung und SHA-256 für die Hashingfunktion. Tinc gehört nicht zum Lieferumfang von OpenWrt und kommt als Zusatzpaket über *System → Software* ins Spiel. Leider integriert sich Tinc nicht in die Web-GUI und ist nur per Kommandozeile erreichbar.

Laboraufbau

Im Demo-Netz simuliert das WAN-3-Netz das Internet. Die angeschlossenen Router erhalten die Tinc-Software und machen damit ihr angeschlossenes Subnetz für die anderen Standorte verfügbar. Abbildung 5.2 zeigt den vorgesehenen Aufbau.

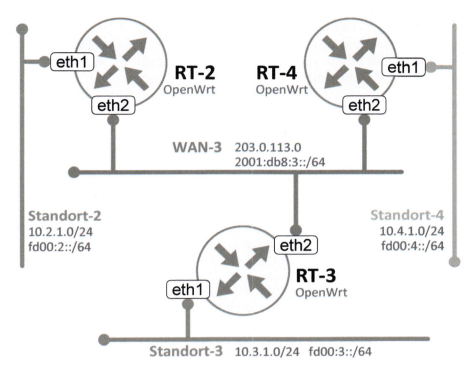

Abbildung 5.2: Tinc vermascht die Lab-Router

Die Router RT-3 und RT-4 erhalten per Konfiguration jeweils **einen festen** VPN-Tunnel zu RT-2. Der Tunnel zwischen RT-3 und RT-4 wird *nicht* explizit eingerichtet. Es ist die Aufgabe von Tinc den Tunnel dynamisch **aufzubauen** und die Zugriffe von Standort-3 nach Standort-4 durch den neuen VPN zu schicken.

Einrichtung

Bei Tinc gibt es keine Unterteilung zwischen Server und Client. Sobald sich zwei Tinc-Knoten „begegnen", bauen sie einen Tunnel zwischen sich auf. Bei diesem dezentralen Ansatz muss ein neuer Tinc-Knoten lediglich einen anderen Tinc-Knoten kennen und mit ihm seine Kryptoschlüssel austauschen.

Das Kernnetz von Tinc ist starr. Es besteht aus statischen Tunneln zwischen ausgewählten Routern. Der Tinc-Daemon beschränkt sich auf sein Kerngeschäft: verschlüsseln und den kürzesten Pfad finden. Alles andere ist Aufgabe des Administrators:

- *Schlüsselaustausch*. Es gibt keine vertrauenswürdige Instanz, welche die Schlüssel signiert. Die Schlüssel müssen einmalig zwischen den Routern per Copy-and-paste oder *Secure Copy* verteilt werden.

- *IP-Adressen*. Tinc erstellt zwar einen Netzadapter für den Tunnel, verpasst diesem aber keine IP-Adresse. Hier ist erneut der Administrator in der Pflicht, den Tunneladapter mit IP-Informationen zu versorgen, oder per Netzbrücke anzubinden. Immerhin ruft Tinc beim Anlegen des Netzadapters ein Skript auf, welches sich für die Konfiguration von IP-Adressen anbietet.

- *Routing*. Aus der Konfigurationsdatei kennt Tinc die IP-Netze seiner Partner. Aber diese Information gibt Tinc *nicht* an die Routingtabelle von Linux weiter. Hier ist erneut das Startskript des Netzadapters hilfreich.

- *Firewall*. Tinc benötigt eine Firewallregel für den Aufbau der VPN-Tunnel und weitere Regeln für den Traffic, der *durch* die Tunnel fließen darf.

Sobald die Ersteinrichtung abgeschlossen ist, beginnt Tinc mit der versprochenen Dynamik und baut neue Tunnel bei Bedarf auf.
Die Konfiguration von Tinc erfordert viel Tipparbeit auf der Kommandozeile. Die folgenden Skripte und Code-Beispiele sind über Anhang A erhältlich.

Der erste Tinc-Router

Im ersten Schritt benötigt jeder Router die Tinc-Software, die im Repository von OpenWrt bereitsteht:

```
opkg install tinc
```

Die Installation bringt eine Beispielkonfiguration mit, die nicht weiter benötigt wird.

```
uci del tinc.NETNAME
uci del tinc.NODENAME
uci commit
```

Anschließend beginnt OpenWrt seine Aufgabe als Tinc-Router. Bei Tinc bekommt jedes VPN-Netz einen *NETNAME* und jeder Router erhält einen *NODENAME*. Die folgenden Beispiele benutzen LAB als *NETNAME* und den Hostnamen als *NODENAME*.
Router RT-2 erstellt das VPN-Netz und stellt sich namentlich vor:

```
uci set tinc.LAB=tinc-net
uci set tinc.LAB.Name=RT2
uci set tinc.LAB.Device=/dev/net/tun
```

Tinc verwendet kryptografische Schlüssel für die Aushandlung einer VPN-Verbindung. Jeder Router erstellt sich sein eigenes Schlüsselpärchen. Der Austausch der öffentlichen Schlüssel folgt später.

```
uci set tinc.LAB.generate_keys=1
uci set tinc.LAB.key_size=2048
uci set tinc.LAB.enabled=1
```

Zuletzt stellt Router RT-2 in Listing 5.1 seine IP-Netze vor und über welche öffentliche Adresse er erreichbar ist. Die Anweisung in Zeile 5 verbindet den *tinc-host* RT-2 mit dem *tinc-net* LAB.

```
1  uci set tinc.RT2=tinc-host
2  uci set tinc.RT2.Address=203.0.113.2
3  uci set tinc.RT2.Subnet=10.2.1.0/24
4  uci set tinc.RT2.enabled=1
5  uci set tinc.RT2.net=LAB
6  uci commit
```

Listing 5.1: Router RT-2 wird ein Tinc-Knoten

Mit einem finalen `service tinc restart` beginnt der Tinc-Dienst seine Arbeit. Allerdings gibt es für ihn nicht viel zu tun, da es noch keine Gegenstellen gibt.

Firewall

Der Tinc-Daemon horcht auf Port 655 des WAN-Interfaces, welches üblicherweise in der WAN-Zone der Firewall liegt und damit keine Verbindungsanfragen zulässt. Für die Einrichtung einer Firewallregel kann die Weboberfläche von LuCI im Bereich *Netzwerk* → *Firewall* → *Traffic-Regeln* aushelfen (vgl. Kap. 1 in Band 2).
Die UCI-Befehle für eine passende Regel sind in Listing 5.2 abgedruckt.

```
uci add firewall rule
uci set firewall.@rule[-1].dest_port='655'
uci set firewall.@rule[-1].src='wan'
uci set firewall.@rule[-1].name='Allow-Tinc'
uci set firewall.@rule[-1].target='ACCEPT'
uci add_list firewall.@rule[-1].dest_ip='203.0.113.2'
uci commit
service firewall restart
```

Listing 5.2: Eine Firewallregel macht den Tinc-Dienst erreichbar

Die nächsten Tinc-Router

Die Konfiguration bei Tinc besteht aus Routern, nicht aus Tunneln. Diesem Konzept folgend erhält Router RT-2 die Einstellungen für seinen neuen Partner RT-3:

```
uci set tinc.RT3=tinc-host
uci set tinc.RT3.enabled=1
uci set tinc.RT3.net=LAB
uci add_list tinc.RT3.Address=203.0.113.3
uci set tinc.RT3.Subnet=10.3.1.0/24
uci add_list tinc.LAB.ConnectTo=RT3
```

Die Angaben ähneln der Struktur aus Listing 5.1. Jetzt kennt RT-2 bereits RT-3, wobei dieser noch keine Tinc-Anweisung erhalten hat.

Für die Router RT-3 und RT-4 sind die Befehle ähnlich und unterscheiden sich nur durch den NODENAME, die IP-Adresse und das Subnetz. Nach dem Netzaufbau von Seite 100 sollten sich RT-3 und RT-4 vorerst gegenseitig nicht kennen. Die Liste der Tinc-Knoten auf RT-3 besteht demnach nur aus RT-3 und RT-2.

Schlüsseltausch

Zwischen den Tinc-Knoten formen sich noch keine Tunnel, da sich die Router gegenseitig nicht vertrauen. Beim ersten Start generiert Tinc ein Schlüsselpärchen und legt den öffentlichen Schlüssel im Dateisystem ab. Der Schlüssel von RT-2 liegt in der Datei:

/etc/tinc/LAB/hosts/RT2

Sein Inhalt muss unverändert auf den anderen Routern ankommen und in einer Datei mit gleichem Namen und gleichem Pfad liegen. Andersherum müssen die Schlüssel von RT-3 und RT-4 auch im Dateisystem von RT-2 liegen, damit eine gegenseitige Authentifizierung erfolgreich ablaufen kann.

Nach einem Neustart von Tinc können sich die Router gegenseitig authentifizieren und ihre Tunnel aufbauen. Für Tinc ist die Einrichtung jetzt abgeschlossen, aber das Betriebssystem weiß noch nichts von der gegenseitigen Erreichbarkeit.

Routing

Der Linux-Kernel erfährt von den erreichbaren Subnetzen über statische Routen oder mithilfe eines Routingprotokolls (vgl. Kap. 2 in Band 3). Wenn die Anzahl der Tinc-Knoten überschaubar ist oder die Adressierung einheitlich erfolgt, sind statische Routen die richtige Wahl.
Die Standorte im Labornetz benutzen IP-Netze, die in den privaten Adressbereich 10.0.0.0/8 fallen. Eine passende Route sendet den Datenverkehr an das Tunnelinterface und vertraut darauf, dass Tinc den richten Pfad durch das Netz findet.
Tinc verwendet das Skript `tinc-up` beim Aktivieren des Tunneladapters und `tinc-down`, sobald dieser beendet wird. Listing 5.3 ist beispielhaft für Router RT-2: Es bestückt das Tunnelinterface mit einer IP-Adresse und

übergibt in Zeile 4 den Inter-Standort-Verkehr an den Tunnel. Listing 5.4 entfernt die Adresse und die Route in umgekehrter Reihenfolge. Die Skripte müssen ausführbar sein, damit der Tinc-Daemon sie verwenden kann.

Listing 5.3: /etc/tinc/LAB/tinc-up
```
#!/bin/sh
ip addr add 10.2.1.2/32 dev \
    $INTERFACE
ip link set $INTERFACE up
ip route add 10.0.0.0/8 dev \
    $INTERFACE
```

Listing 5.4: /etc/tinc/LAB/tinc-down
```
#!/bin/sh
ip route del 10.0.0.0/8 dev \
    $INTERFACE
ip link set $INTERFACE down
ip addr del 10.2.1.2/32 dev \
    $INTERFACE
```

Die „große" Route 10.0.0.0/8 umfasst das gesamte Klasse-A-Netz und erleichtert zukünftige Erweiterungen des Tinc-Verbundes. Weitere Tinc-Knoten und ihre Standorte fallen in denselben IP-Bereich und benötigen auf den bestehenden Tinc-Routern *keine* Anpassung im Routing.

Wenn die Adressierung der Standorte „durcheinander" ist, empfiehlt sich ein dynamisches Routingprotokoll, welches die IP-Netze automatisch zwischen den OpenWrt-Routern bekannt gibt.

Firewall

Die Firewall von OpenWrt verhindert Zugriffe, welche für die Tinc-Tunnel bestimmt sind. Die Regel aus Listing 5.2 auf Seite 104 war lediglich die Erlaubnis, dass sich die Tinc-Daemons untereinander verbinden dürfen. Die Kommunikation von Standort-1 (10.1.1.0/24) mit Standort-2 (10.2.1.0/24) benötigt eine weitere Regel.

Hier kann die Pflege der Traffic-Regeln schnell in Arbeit ausarten, denn *jeder* OpenWrt-Router muss den Zugriff zwischen *allen* Standorten erlauben. Zukünftige Tinc-Router erfordern ebenfalls eine Traffic-Regel auf den bestehenden Geräten.

Wenn Konnektivität vor Sicherheit steht, kann die grobe Regel in Listing 5.5 den Standorten ihr Vertrauen aussprechen und den Datenverkehr ungehindert passieren lassen.

```
uci add firewall rule
uci set firewall.@rule[-1].name='Tinc-Traffic-IN'
uci set firewall.@rule[-1].src='*'
uci set firewall.@rule[-1].dest='lan'
uci set firewall.@rule[-1].extra='--in-interface LAB'
uci set firewall.@rule[-1].target='ACCEPT'
uci add_list firewall.@rule[-1].proto='all'

uci add firewall rule
uci set firewall.@rule[-1].name='Tinc-Traffic-OUT'
uci set firewall.@rule[-1].src='lan'
uci set firewall.@rule[-1].dest='*'
uci set firewall.@rule[-1].extra='--out-interface LAB'
uci set firewall.@rule[-1].target='ACCEPT'
uci add_list firewall.@rule[-1].proto='all'
uci commit ; service firewall restart
```

Listing 5.5: Zwei Firewallregeln erlauben die Kommunikation *durch* das Tinc-Netz

IPv6

Die bisherigen Beispiele sollen nicht den Eindruck vermitteln, dass Tinc nur IPv4-Netze beherrscht. Tinc kann sowohl Tunnel durch IPv6-Netze graben, als auch Nutzerdaten in IPv6-Paketen dadurch transportieren. Hier ist jede Kombination möglich:

- IPv6-Daten in IPv6-Tunneln
- IPv6-Daten in IPv4-Tunneln
- IPv4-Daten in IPv6-Tunneln
- IPv4-Daten in IPv4-Tunneln

Neben den veränderten Inhalten für Address und Subnet benötigt der IPv6-Tunnel eine Anpassung der Umgebung. Die Firewallregel aus Listing 5.2 auf Seite 104 muss die WAN-IPv6-Adresse enthalten; und die Start-/Stoppskripte aus den Listings 5.3 und 5.4 auf der vorherigen Seite benötigen IPv6-Adressen und -Routen. Die Firewallregel aus Listing 5.5 für den Datenverkehr *durch* den Tinc-Tunnel bedarf keiner Modifikation, da sie versionsunabhängig ist. Die angepassten Skripte sind online über Anhang A erhältlich.

Ein anschließender Streifzug durch das Labornetz zeigt ausschließlich IPv6-Adressen bei der Routenverfolgung.

```
root@cl3:~# traceroute -In fd00:4::abc
traceroute to fd00:4::abc (fd00:4::abc), 30 hops max [...]
 1  fd00:3::3    0.293 ms  0.247 ms  0.614 ms
 2  fd00:4::4    0.779 ms  0.898 ms  0.871 ms
 3  fd00:4::abc  3.408 ms  3.386 ms  3.289 ms
```

Kontrolle

Nach diesem längeren Aufbau des Tinc-VPN-Mesh sollten sich die Clients in den Standorten gegenseitig erreichen können. Den Nachweis erbringt ein Rechner in Standort-4, der den Weg durch das Tinc-Netz per `traceroute` veranschaulicht:

```
tc@box:~$ traceroute 10.3.1.210
traceroute to 10.3.1.210 (10.3.1.210), 30 hops max [...]
 1  RT-4.lan (10.4.1.4)    0.449 ms  0.376 ms  0.239 ms
 2  10.3.1.3 (10.3.1.3)    0.970 ms  0.407 ms  0.438 ms
 3  10.3.1.210 (10.3.1.210)  0.92 ms  1.114 ms  0.718 ms
```

Die Routenverfolgung zeigt nicht nur die Erreichbarkeit zwischen den Standorten, sondern auch den verwendeten Pfad zwischen RT-4 und RT-3. Tinc hat diesen Weg mit einem neuen Tunnel ermöglicht und leitet damit die Pakete direkt von RT-4 nach RT-3, ohne das RT-2 als Transitrouter einspringen muss.

Tinc kann seine Tunnelinformationen auf Kommando an das Systemprotokoll berichten. Der Aufruf benutzt die Linux-Signale USR1 für Verbindungsinformationen und USR2 für Statistiken, eine Übersicht der Tinc-Knoten, Tunnel und eine Liste der bekannten Subnetze.

```
kill -USR1 $(pidof tincd)
kill -USR2 $(pidof tincd)
```

Die Ausgabe ist sichtbar in LuCI bei *Status → Systemprotokoll* und auf der Kommandozeile mit `logread`.

Wenn die Ausgaben von USR1 und USR2 für die Fehlersuche nicht ausreichen, kann der Tinc-Prozess per Debug-Level über seine Tätigkeiten berichten. Die Entwickler bieten Debug-Level von null bis fünf an. Tabelle 5.1 beschreibt die Meldungstypen der verschiedenen Level, wobei höhere Level die Meldungen der niedrigeren Level enthalten.

Level	Tinc berichtet über:
0	Systemstart und Fehler.
1	alle Verbindungen zu anderen Tinc-Routern.
2	Status und Fehler von Skripten und anderen Tinc-Routern.
3	alle Anfragen, die zwischen den Tinc-Router ausgetauscht werden, inklusive Schlüssel und Authentifizierung.
4	alles, was der Tinc-Prozess erhalten hat.
5	jeglichen Netzverkehr, den das Tunnelinterface gesichtet hat.

Tabelle 5.1: Die Debug-Level von Tinc

Für das normale Troubleshooting eignet sich Level 3, welches **alle Verbindungsanfragen zwischen den Tinc-Knoten protokolliert.**
In Listing 5.6 beginnt die Fehlersuche in Debug-Level drei. Nach Abschluss der Session sollte das Level wieder auf null gesetzt werden, welches bis auf ernsthafte Fehler keine unnötige Ausgabe generiert.

```
uci set tinc.LAB.debug=3
uci commit
service tinc restart
logread -f
```

Listing 5.6: Ein steigendes Debug-Level erhöht die Menge der Meldungen von Tinc

Ausblick

Tinc ist vielseitig nutzbar. Die folgenden Abschnitte sollen kurz anreißen, welche Einsätze möglich sind.

Tinc als Switch

Der Netzaufbau in diesem Kapitel benutzt Tinc als geroutetes VPN-Netz. Alternativ dazu lässt sich der Verbund aus Tinc-Knoten als Switch verwenden. Damit sind die Standorte auf der Ethernet-Ebene verbunden und können ein gemeinsames IP-Netz verwenden.
Listing 5.7 beschreibt die Änderungen zum geswitchten Tinc-Netz, wobei der dargestellte Tinc-Switch das IP-Netz 10.0.1.0/24 (Zeile 2) transportiert. OpenWrt benutzt dazu eine Netzbrücke (Zeile 9), welche den Tunneladapter von Tinc direkt mit dem LAN-Interface verbindet. Die benötigte Software für die Netzbrücke liegt im Repository als Paket bridge bereit.

```
1  uci set network.site.type='bridge'
2  uci set tinc.RT2.Subnet='10.0.1.0/24'
3  uci set tinc.RT3.Subnet='10.0.1.0/24'
4  uci set tinc.LAB.Mode=switch
5  uci commit

6  cat <<EOF > /etc/tinc/LAB/tinc-up
7  #!/bin/sh
8  ip link set $INTERFACE up
9  brctl addif br-LAN $INTERFACE
10 EOF
11 cat <<EOF > /etc/tinc/LAB/tinc-down
12 #!/bin/sh
13 brctl delif br-LAN $INTERFACE
14 ip link set $INTERFACE down
15 EOF
16 chmod +x /etc/tinc/LAB/tinc-*
17 service tinc restart
```

Listing 5.7: Tinc verbindet die Standorte als Netzwerk-Switch

Da sich alle Standorte über den Tinc-Switch ein großes IP-Netz teilen, benötigt die Konfiguration keine statischen Routen oder ein Routingprotokoll. Nachteilig gestaltet sich die zusätzliche Netzbelastung durch Broadcast-Pakete. Denn im Gegensatz zum Router-Modus transportiert der Tinc-Switch die Broadcast-Pakete zwischen den Standorten, welches eine erhöhte Netzlast bewirkt. Je mehr Tinc-Router sich an dem Switch beteiligen, desto höher ist die Grundlast für jeden einzelnen Tinc-Knoten.

Tinc unter Windows

Die Anbieter stellen ihre Software auch für Windows zur Verfügung. Damit wird ein regulärer Windows-PC zum Tinc-Knoten und hat damit Zugriff auf die Tinc-Wolke. Den Tunnel-Netzadapter leiht sich Tinc bei den Entwicklern von OpenVPN, die ihren *TAP-Win64 Virtual Ethernet Adapter* quelloffen zur Verfügung stellen.

Für die Konfiguration bietet Tinc keine bunte Windows-Oberfläche, sondern erwartet dieselbe Ordnerstruktur wie unter Linux. Die Konfigurationsdateien in den Ordnern erhalten die öffentlichen Schlüssel und IP-Adressen der anderen Tinc-Knoten.

Sobald alle Dateien am richtigen Platz sind, kann Tinc als Windows-Dienst seine Arbeit aufnehmen und sich ins große Tinc-Netz einklinken. Im Erfolgsfall wechselt der Tunnel-Netzadapter in den Status „Verbunden", und der Windows-Rechner hat Zugriff auf die anderen Tinc-Router und deren Subnetze.

Dynamische IP-Adresse

Die meisten privaten Internetanschlüsse haben keine feste IP-Adresse, sondern erhalten vom Provider während der Einwahl eine Adresse dynamisch zugewiesen. Nach einem Neustart des Routers oder nach einer kurzen Trennung der Internetverbindung vergibt der Anbieter eine andere IP-Adresse. In den Luxus einer fixen IP-Adresse kommen meist nur Internetanschlüsse der Business-Klasse oder gegen Aufpreis.

Tinc kann auch mit dynamischen IP-Adressen umgehen, solange sie per DNS unter einem festen Namen auflösbar sind. Dazu eignen sich Dienste wie DynDNS oder No-IP, welche die eigene, dynamische Adresse hinter einem festen DNS-Namen speichern. Nach einer Änderung an der IP-Adresse informiert der Internetrouter oder ein Skript den DynDNS-Provider über die veränderte Adresse.

Sobald die wechselnde IP-Adresse bei einem DynDNS-Provider mit einem DNS-Namen fixiert ist, kann Tinc diesen Namen in der Variable `Address` speichern. Beim nächsten Verbindungsaufbau wird Tinc den DNS-Namen auflösen und die ermittelte IP-Adresse für seine Verbindungsversuche verwenden.

Beispielsweise kennt Router RT-2 sein Gegenüber RT-3 nur unter seinem DNS-Namen:

```
uci add_list tinc.RT3.Address=rt3.openwrt.dyn
```

> **Hinweis**
>
> Tinc benutzt den DNS-Namen und die ermittelte IP-Adresse für den Verbindungsaufbau und *nicht* für die Authentifizierung eingehender Verbindungen von diesem Knoten.

Technischer Hintergrund

Der Tinc-Dienst ist ein Daemon im User-Space. Er authentifiziert sich gegenüber anderen Tinc-Knoten über eine TCP-Verbindung und tauscht darüber Sitzungsschlüssel und Routinginformationen aus. Die offizielle Dokumentation bezeichnet die TCP-Session als *Meta-Verbindung* und das Protokoll als *Meta-Protokoll*.

Die Anwendungsdaten fließen über eine weitere Verbindung, welches zum UDP-Protokoll greift. Beide Verbindungen benutzen den offiziell registrierten Port 655. Da eine erfolgreiche Kommunikation zwischen zwei Tinc-Routern sowohl TCP als auch UDP benötigt, erlaubt die Firewallregel aus Listing 5.2 auf Seite 104 beide Protokolle.

Sobald OpenWrt ein Nutzdatenpaket an einen anderen Standort verschicken möchte, übergibt der Kernel das Paket an das Tunnel-Interface. Tinc liest von der entsprechenden Gerätedatei und erhält das zu versendende Paket. Im Routingmodus ermittelt Tinc das Zielnetz und den benachbarten Tinc-Router. Danach wird Tinc das Paket (je nach Konfiguration) komprimieren, mit einer Sequenznummer versehen, verschlüsseln und einen *Message Authentication Code* (MAC) anhängen. Danach geht das Paket in einem UDP-Datagramm auf die Reise an den Ziel-Tinc-Knoten. Dieser empfängt das Paket, validiert den Nachrichtenauthentifizierungscode und führt die beschriebenen Schritte in umgekehrter Reihenfolge aus.

In der Voreinstellung verwendet Tinc AES-256 für die Verschlüsselung, SHA-256 als MAC, keine Komprimierung, 32-Bit Sequenznummern und 4-Byte-lange MAC-Nachrichten. Zur Auswahl stehen alle Algorithmen, die die installierte Version von OpenSSL anbietet.

Als Beispiel wechselt ein Router mit den folgenden Kommandos seine Verschlüsselung zu den elliptischen Kurven *ChaCha20* mit *Poly1305* und komprimiert die Datenpakete mit ZLIB.

```
uci set tinc.RT2.Cipher=ChaCha20-Poly1305
uci set tinc.RT2.Compression=9
```

Die Logdatei der Gegenstelle bestätigt den Wechsel von Cipher 427 (aes-256-cbc) zu 1018 (chacha20-poly1305):

```
RT2 at 203.0.113.2 port 655 cipher 1018 digest 672 maclength 4 \
    compression 9 options c status 001a nexthop RT2 via RT2 \
    pmtu 1454 (min 1447 max 1454)
```

Tinc nummeriert die Algorithmen nach dem Zahlenschema von OpenSSL, welches nur im Quellcode aufgeschlüsselt werden kann [7].

Zusammenfassung

Tinc ist eine weitere VPN-Software für OpenWrt, die zwischen Routern eine gesicherte Tunnelverbindung aufbaut und damit geografisch getrennte Netze erreichbar macht. Tinc hebt sich von den Ansätzen der vorherigen Kapitel dadurch ab, dass Tinc *neue* Standorte schnell und flexibel an das bestehende Netz ankoppeln kann. Danach bauen die Tinc-Router zwischen ihnen dynamisch neue VPN-Tunnel auf und erreichen damit ein vermaschtes Kernnetz. Die Anwendungsdaten fließen somit auf dem kürzestem Weg vom Sender zum Empfänger.

Leider integriert sich Tinc nicht in die Weboberfläche von OpenWrt, sodass die Konfiguration über das UCI erfolgen muss oder direkt in den Konfigurationsdateien von Tinc stattfinden kann.

Tinc arbeitet in IPv4- und IPv6-Netzen und transportiert beide IP-Versionen. Da sowohl das Transportnetz als auch das Anwendungsnetz unabhängig voneinander adressiert werden, kann Tinc seine Tunnel über IPv4-Netze aufbauen und darin IPv6-Verbindungen transportieren.

Kapitel 5. Tinc

Kapitel 6

ZeroTier

ZeroTier bezeichnet sich selber als globalen Ethernet-Switch, an den sich beliebige Endgeräte anstöpseln können. Die Teilnehmer verbinden sich mit diesem gedachten Switch und kommunizieren anschließend wie im lokalen Netz.

Der Ethernet-Switch ist bildlich und eine Hilfe für besseres Verständnis, denn eigentlich verbinden sich die Teilnehmer per VPN mit einem vordefinierten VPN-Server, den ZeroTier betreibt. Der VPN-Server vermittelt seine Clients untereinander, sodass sich die Geräte anschließend direkt miteinander unterhalten können. Es entsteht ein verschlüsseltes Peer-to-Peer-Netzwerk.

Dieses Transportnetz ist verantwortlich für die gesicherte Kommunikation und Authentifizierung aller Teilnehmer. Eine weitere Aufgabe liegt in der effizienten Wegefindung.

Oberhalb dieser Netzwerkschicht emuliert ZeroTier das bewährte Ethernet, um den Anwendungen ein bekanntes Protokoll zu bieten. Für die Teilnehmer erscheint das VPN als Ethernet-Switch. Die Technik dahinter erinnert an IPsec und VXLAN.

Die Datenpakete zwischen den ZeroTier-Clients sind verschlüsselt und werden nur von anderen Clients, nicht aber von den ZeroTier-Servern, verstanden. Der verwendete Algorithmus stammt aus der Trickkiste der elliptischen Kurven und bietet eine Schlüssellänge von 256 Bit. Um den Schlüsselaustausch und die Zertifikatsverwaltung kümmert sich die Clientsoftware automatisch.

Kapitel 6. ZeroTier

Was hat dieser globale Ethernet-Switch mit OpenWrt zu tun? OpenWrt bietet die ZeroTier-Software als Plug-in an und hat damit eine Verbindung zum globalen Switch. Aus der Sicht eines OpenWrt-Routers ist der ZeroTier-Switch ein weiterer Netzadapter mit IP-Adresse, Routen und Firewallregeln. Darüber lassen sich Standorte verbinden, Clients einwählen oder ein Managementzugang schaffen.

ZeroTier benötigt seine eigene Clientsoftware *ZeroTier One*, die im Quellcode und als vorkompiliertes Binary für viele Betriebssysteme und Smartphones angeboten wird.

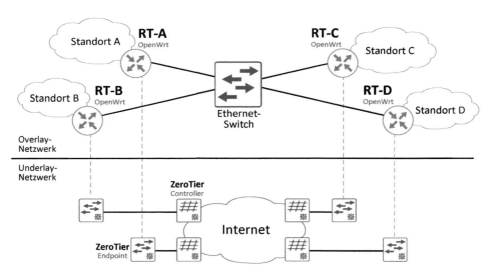

Abbildung 6.1: OpenWrt-Router verbinden sich durch den ZeroTier-Switch

Bevor es losgeht, erwartet das ZeroTier-Backbone eine Registrierung. Der Kundenzugang für die webbasierte Verwaltung ist nötig, um einen eigenen Ethernet-Switch zu gründen. ZeroTier spendiert dafür eine Netzwerkkennung, welche die Clients für die Einwahl verwenden. Die Netzkennung unterscheidet die Kunden voneinander und verhindert, dass Kunde A die Geräte im Netzwerk von Kunde B erreicht.

Diesem Beispiel folgend benutzt Abbildung 6.1 die ZeroTier-Wolke als vollvermaschtes Backbone-Netz, welches selbstständig die kürzesten Verbindungen zwischen den Standorten findet.

> **Hinweis**
> ZeroTier ist ein kommerzieller Dienstleister, der bis zu einer Größe von 50 Teilnehmern kostenfrei ist.

Laboraufbau

Der Zugriff auf die Server von ZeroTier erfordert einen Internetzugang. Für den Laboraufbau und den weiteren Betrieb ist es unerheblich, welches Gerät den Zugang zum Internet anbietet, solange die OpenWrt-Router diesen nutzen können.
In Abbildung 6.1 verbinden sich die Router mit dem ZeroTier-Netz und können sich darüber gegenseitig erreichen. Das Ziel ist eine Ende-zu-Ende-Verbindung der Standortnetze mithilfe der ZeroTier-Wolke.

Einrichtung

Die Einrichtung beginnt im Webportal von ZeroTier mit der Registrierung eines eigenen Accounts. Danach lässt sich im eigenen Bereich von *ZeroTier Central* ein Netz für die OpenWrt-Router per Button *Create A Network* anlegen. Das Netz erscheint sogleich im rechten Bereich mit einer zufällig generierten ID und einem beispielhaften Namen. Das neue Netz hat hier die Kennung 35c192ce9b4c20b5 erhalten, die für die Einrichtung in OpenWrt später benötigt wird.
Mit einem Klick auf die Netzwerk-ID lassen sich die Eigenschaften festlegen. Für den ersten Kontakt mit OpenWrt eignen sich die Werte aus Tabelle 6.1. Mit diesen Einstellungen dürfen sich die OpenWrt-Router bei ZeroTier melden und erhalten nach der Bestätigung eine IPv4-Adresse aus dem konfigurierten Adresspool.
Auf der Seite von OpenWrt benötigen die Router vorab die Software *Zero-Tier One*, die der Paketmanager aus dem Repository holt und installiert.

```
opkg install zerotier
```

Kapitel 6. ZeroTier

Eigenschaft	Wert
Name	OpenWrt
Access Control	Private
Auto-Assign from Range	☑(Advanced)
Auto-Assign Pools	10.6.47.1 – 10.6.47.99

Tabelle 6.1: Das ZeroTier-Netz für OpenWrt entsteht

Die Verbindung zwischen OpenWrt und ZeroTier lässt sich nur über die Kommandozeile einrichten. Dazu benötigt OpenWrt die Netzwerk-ID und meldet sich in Listing 6.1 beim ZeroTier-Server. In der Webansicht von

```
uci del zerotier.sample_config
uci set zerotier.cloud=zerotier
uci set zerotier.cloud.enabled=1
uci set zerotier.cloud.port=9993
uci add_list zerotier.cloud.join=35c192ce9b4c20b5
uci commit
service zerotier start
```

Listing 6.1: Der ZeroTier-Client tritt einem Netz bei

ZeroTier und in Abbildung 6.2 zeigt sich der frisch verbundene Client. Da die Einstellungen aus Tabelle 6.1 das Netz als *privat* markiert haben, kann der OpenWrt-Client das ZeroTier-Netz erst verwenden, sobald der Admin dies in der Spalte *Auth* bestätigt hat. Hilfreich ist ebenfalls die Beschriftung des neuen Routers, damit alle Teilnehmer unterscheidbar bleiben.

Abbildung 6.2: Der OpenWrt-Router erscheint als nicht-autorisierter Client

Einrichtung

In OpenWrt benötigt der Router noch ein Interface, welches später für Routing, Bridging und Firewallregeln herhalten muss. Die Einrichtung erfolgt per LuCI oder UCI.

> **Hinweis**
>
> Der ZeroTier-Client verpasst dem Interface einen kryptischen Namen, der mit den Buchstaben *zt* beginnt. Dieser Name kann in den folgenden Kommandoausgaben von den eigenen Experimenten abweichen.

Auf der Kommandozeile verbinden die Befehle aus Listing 6.2 das ZeroTier-Interface mit dem OpenWrt-Interface.

```
uci set network.ZEROTIER=interface
uci set network.ZEROTIER.ifname='zt7nnn53ro'
uci set network.ZEROTIER.proto='none'
```

Listing 6.2: Das OpenWrt-Interface verbindet sich mit dem ZeroTier-Interface

Im letzten Schritt erwartet der ZeroTier-Client eingehende UDP-Pakete auf Port 9993. Wenn die Verbindung zum Anbieter über das WAN-Interface erfolgt, benötigt die Firewall eine Ausnahme, um die gewünschten Pakete zu empfangen.

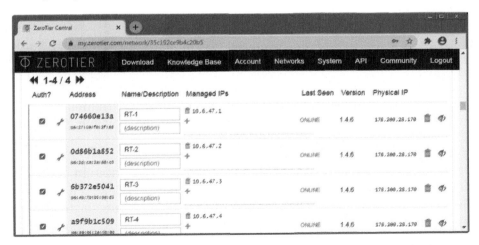

Abbildung 6.3: Alle OpenWrt-Router haben sich bei ZeroTier registriert

Sobald die Arbeitsschritte für alle OpenWrt-Router abgeschlossen sind, erweitert sich die Liste in ZeroTier und ähnelt Abbildung 6.3.
Zur Kontrolle können sich die OpenWrt-Geräte mit ihrer ZeroTier-IPv4-Adresse aus dem Bereich 10.6.47.0/24 gegenseitig anpingen.

Routing

Die Router kennen sich jetzt gegenseitig – aber sie kennen noch nicht alle angeschlossenen Standort-Netze. Für den Austausch der Routinginformationen gibt es mehrere Möglichkeiten.

- Die OpenWrt-Router führen statische Routingtabellen. Die Konfiguration erfolgt per UCI oder LuCI im Bereich *Netzwerk → Statische Routen*.
  Diese Methode eignet sich für kleine Umgebungen, da auf jedem Teilnehmer die Routingtabelle händisch zu pflegen ist.

- Die OpenWrt-Router verwenden ein dynamisches Routingprotokoll, wie beispielsweise OSPF (vgl. Kap. 2 in Band 3). Über das ZeroTier-Netz bauen die Router Nachbarschaften auf und tauschen darüber ihre IP-Netze aus.
  Diese Methode eignet sich für große Umgebungen oder wenn nicht alle Router eine Verbindung zu ZeroTier haben.

- Die OpenWrt-Geräte lernen die Routen in die Standorte vom ZeroTier-Server. In der Weboberfläche des ZeroTier-Netzwerks lässt sich im Bereich *Managed Routes* eine Routingtabelle hinterlegen, welche die angeschlossenen ZeroTier-Geräte bei der Einwahl erhalten.
  Diese Methode eignet sich für alle Umgebungen, solange alle Router eine Verbindung zu ZeroTier haben.

Da die ersten beiden Methoden bereits in vorherigen Kapiteln behandelt wurden, verwenden nun die OpenWrt-Router die Möglichkeiten von ZeroTier zum Erlernen der IP-Netze. Abbildung 6.4 zeigt die angelegte Routingtabelle in *ZeroTier Central*.
Unter OpenWrt tauchen die gelernten Routen unter *Status → Routen* auf. Alternativ zeigt das `ip`-Kommando die neuen Pfade:

ZeroTier als Switch

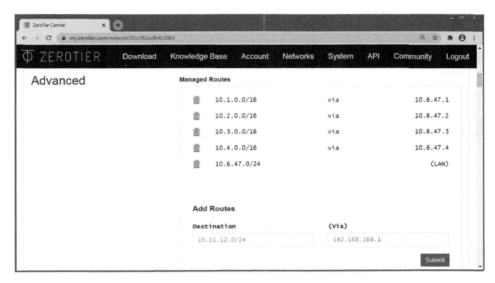

Abbildung 6.4: ZeroTier verwaltet und verteilt die IP-Routen an seine Clients

```
root@RT-1:~# ip route | grep zt
10.2.0.0/16 via 10.6.47.2 dev zt7nnn53ro
10.3.0.0/16 via 10.6.47.3 dev zt7nnn53ro
10.4.0.0/16 via 10.6.47.4 dev zt7nnn53ro
10.6.47.0/24 dev zt7nnn53ro proto kernel scope link src 10.6.47.1
```

Eine Routenverfolgung zwischen den Standorten zeigt den Weg durch die ZeroTier-Wolke.

```
root@cl4:~# traceroute 10.2.1.99
traceroute to 10.2.1.99 (10.2.1.99), 30 hops max, 38 byte packets
 1  rt4 (10.4.1.4)  0.457 ms  0.305 ms  0.283 ms
 2  rt2-zt (10.6.47.2)  10.354 ms  1.159 ms  0.781 ms
 3  cl2 (10.2.1.99)  1.038 ms  0.710 ms  0.705 ms
```

ZeroTier als Switch

Da sich ZeroTier gerne mit einem globalen Ethernet-Switch vergleicht, können die OpenWrt-Router die ZeroTier-Verbindung auch als Netzbrücke nutzen. Das Ergebnis fühlt sich für die Teilnehmer tatsächlich wie eine Ethernet-Verbindung an.

In der Voreinstellung arbeiten die Mitglieder *nicht* als Netzbrücke. In der Oberfläche von ZeroTier gewährt die Einstellung *Allow Ethernet Bridging* jedem Gerät einzeln die Befähigung zum Ethernet-Modus (Abbildung 6.5).

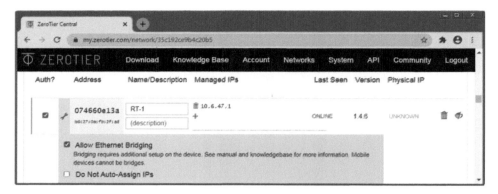

Abbildung 6.5: ZeroTier erlaubt *Ethernet Bridging* pro Gerät

Zurück zu OpenWrt: Hier entsteht die Netzbrücke als neues Interface, welches die Schnittstellen *eth1* und *zt7nnn53ro* zusammenbrückt. Der Netzadapter aus Listing 6.2 wird für den Switch-Modus nicht mehr benötigt und muss gelöscht werden.

Das Ergebnis ist ein großer Switch, wobei die Netzadapter *eth1* aller teilnehmenden OpenWrt-Router die Switchports darstellen. Die angeschlossenen Geräte teilen sich eine Broadcast-Domäne und können dasselbe IP-Netz verwenden. Es entfällt ebenfalls die Notwendigkeit, Routen zu verwalten und zu verteilen.

Firewall

Der Einsatz der OpenWrt-Firewall ist möglich, da ZeroTier als reguläres Interface behandelt wird. Es kann zu einer Firewallzone gehören und damit den durchfließenden Datenverkehr kontrollieren (vgl. Kap. 1 in Band 2). Die Firewall empfiehlt sich, wenn die eingehenden Zugriffe aus einem nicht-vertrauenswürdigen Standort stammen, oder der ZeroTier-Switch als unsicher eingestuft wird. In diesem Fall erhält das ZeroTier-Interface eine neue Firewallzone, die mit restriktiven Regeln alles blockiert, was nicht explizit erlaubt ist.

Das Regelwerk der Firewall kann sowohl auf IP-Ebene als auch auf Ethernet-Ebene filtern.

ZeroTier selber hosten

Die Anbieter von ZeroTier stellen allen Teilnehmern mehrere Root-Server zur Verfügung, damit die Client-Software Kontakt zum Netz bekommt und andere Knoten erreichen kann. Es ist möglich, einen (besser: zwei) Root-Server und einen Netzwerk-Controller selbst zu betreiben, um eine eigene ZeroTier-Wolke ohne Abhängigkeiten „von außen" aufzubauen.
Die notwendige Software ist bereits installiert, denn der *ZeroTier One*-Client kann auch als Netzwerk-Controller oder Root-Server fungieren.

Netzwerk-Controller

Der erste Schritt zur Unabhängigkeit ist der eigene Netzwerk-Controller. ZeroTier verwendet den Netzwerk-Controller als Konfigurationsmanager und Zertifizierungsstelle.
Die Konfiguration des Controllers verwendet die webbasierte API von ZeroTier, die zwar gut dokumentiert, aber für den täglichen Gebrauch eher umständlich ist. Wer seine neue Infrastruktur ungern mit curl oder wget einrichtet, kann die Weboberfläche des Drittanbieters *Key Networks* [8] verwenden. Die Installation der ZeroTier-Software und der Web-UI ist in Listing 6.3 für einen Server mit Debian-Linux beschrieben.

```
wget http://download.zerotier.com/debian/buster/pool/main/z/ \
  zerotier-one/zerotier-one_1.4.6_amd64.deb
dpkg --install ./zerotier-one_1.4.6_amd64.deb
systemctl restart zerotier-one

wget https://s3-us-west-1.amazonaws.com/key-networks/deb/ \
  ztncui/1/x86_64/ztncui_0.5.8_amd64.deb
dpkg --install ./ztncui_0.5.8_amd64.deb
echo 'HTTPS_PORT=8443' > /opt/key-networks/ztncui/.env
systemctl restart ztncui
```

Listing 6.3: Der eigene Debian-Server wird zum ZeroTier-Controller

Kapitel 6. ZeroTier

Wenn die Installation auf dem Laborserver stattfindet, ist die Weboberfläche unter der URL https://10.5.1.7:8443 erreichbar. Das erste Login erfolgt mit dem Benutzernamen *admin* und dem Kennwort *password*. Lobenswerterweise erzwingt die Web-UI ein Wechsel des Passworts nach der ersten Anmeldung.

Die Konfiguration ähnelt stark der Vorgehensweise aus Abschnitt *Einrichtung* von Seite 117, wobei die Web-UI von *Key Networks* einen deutlich geringeren Funktionsumfang anbietet als *ZeroTier Central*.

Die Einrichtung beginnt mit dem Button *Add network*, welcher sogleich ein neues Netz anlegt und die Netzwerk-ID präsentiert. Ein Client kann sofort diesem Netz beitreten, ohne dass er den Netzwerk-Controller kennt. Die notwendigen UCI-Befehle sind in Listing 6.1 auf Seite 118 aufgeführt, wobei Zeile 5 die neue Netzkennung enthalten muss:

```
uci add_list zerotier.cloud.join=ab7f7abc801523e3
```

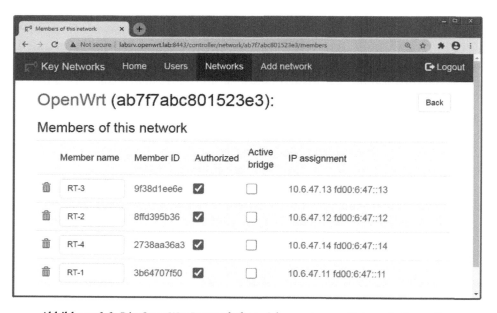

Abbildung 6.6: Die OpenWrt-Router haben sich am eigenen Netzwerk-Controller registriert

In der Weboberfläche des Netzwerk-Controllers lassen sich die neuen Mitglieder autorisieren und mit IP-Adressen versorgen. In Abbildung 6.6 haben sich die Labor-Router beim Controller gemeldet und ihre IP-Adressen erhalten.

Im Hintergrund kommunizieren die ZeroTier-Clients mit den Root-Servern von ZeroTier, um den neuen Controller zu finden. Der nächste Schritt zur Unabhängigkeit ist ein eigener Root-Server.

Root-Server

Die Funktion des Root-Servers implementiert ZeroTier erneut in seiner *ZeroTier-One*-Anwendung. Den eigenen Root-Server bezeichnet die Dokumentation als Mond (engl. *moon*).
Der Anbieter empfiehlt den Einsatz von *zwei* Monden, die eine stabile Netzverbindung und statische IP-Adressen haben. Die Anforderung an die Hardware ist minimal, sodass sogar ein Einplatinen-Computer, wie der Raspberry Pi, ein Root-Server werden kann. Ferner empfiehlt der Anbieter, dass der Root-Server nicht zusätzlich als Netzwerk-Controller arbeitet.

In Listing 6.4 wird der Laborserver zum Mond des ZeroTier-Universums. In Zeile 2 entsteht eine Welt-Definition inklusive Krypto-Material. Zeile 4 listet die IP-Adresse des Root-Servers als „stabilen Endpunkt". Wenn ein zweiter Mond hinzukommt, benötigt dieser einen weiteren Eintrag unter `roots`.

```
1  cd /var/lib/zerotier-one/
2  zerotier-idtool initmoon identity.public >> moon.json
3  sed -i -e '
4  s!stableEndpoints":.*!stableEndpoints": [ "10.5.1.7/9993" ]!
5  ' moon.json
6  zerotier-idtool genmoon moon.json
7  mkdir -p moons.d/
8  mv 000000ab7f7abc80.moon moons.d/
9  systemctl restart zerotier-one
```

Listing 6.4: Der eigene Debian-Server wird zum Root-Server

Die fertige Mond-Datei wird in Zeile 6 signiert und im Unterverzeichnis `moons.d` abgelegt. Der Dateiname orientiert sich an der Weltkennung, die in Zeile 2 entsteht. Die Clients benötigen diese Kennung später, um den

Mond zu finden. Nach einem Neustart von ZeroTier-One ist der Root-Server einsatzbereit.

Zuletzt kommt der OpenWrt-Router mit seinem ZeroTier-Client an die Reihe. In der Fachsprache von ZeroTier „umkreist" (engl. *orbit*) der Client den Mond. Die Angabe der Welt-ID führt den Client zum neuen Mond aus Listing 6.4, wobei die führenden Nullen der Kennung entfallen dürfen:

```
root@RT-3:~# zerotier-cli orbit ab7f7abc80 ab7f7abc80
200 orbit OK
```

Ob sich Client und Mond begegnen, zeigt der Befehl `zerotier-cli peers`. Ausgeführt auf dem Mond, sollte die Kommandoausgabe die IP-Adressen der OpenWrt-Router auflisten und die Rolle *LEAF* zeigen. Ausgeführt auf dem Client, sollte in der Liste der Planeten der eigene Mond in der Rolle *MOON* aufgehen (Listing 6.5).

```
root@RT-3:~# zerotier-cli peers
200 peers
<ztaddr>    <ver>  <role>  <lat>  <link>   <lastTX>  <lastRX>  <path>
3a46f1bf30  -      PLANET  185    DIRECT   4574      4401      185.180.13.82/9993
62f865ae71  -      PLANET  273    DIRECT   4574      4320      50.7.252.138/9993
778cde7190  -      PLANET  156    DIRECT   4574      4421      103.195.103.66/9993
992fcf1db7  -      PLANET   38    DIRECT   4574      4544      195.181.173.159/9993
ab7f7abc80  1.4.6  MOON      1    DIRECT   9599      4573      10.5.1.7/9993
```

Listing 6.5: Der Client hat Kontakt zum neuen Mond aufgenommen

Die ZeroTier-Clients und der neue Mond haben noch Verbindungen zu anderen Knoten des ZeroTier-Universums. Sobald diese nicht mehr erreichbar sind, arbeitet die verbleibende eigene Infrastruktur autark weiter und ist damit unabhängig von externen Diensten oder von der Internetverbindung.

Technischer Hintergrund

ZeroTier versteckt seine Komplexität hinter einer schicken Weboberfläche und seinem *ZeroTier One*-Client. Unter der Haube arbeitet ein verteilter Netzwerk-Hypervisor über ein verschlüsseltes Peer-to-Peer-Netzwerk. ZeroTier unterteilt seine Komplexität in ein Overlay-Netzwerk, welches seinen Teilnehmern ein Ethernet-Switch emuliert, und ein Underlay-Netzwerk,

welches die Pakete auf kürzestem Weg zu den Endgeräten transportiert (Abbildung 6.1 auf Seite 116).
Das Transport-Netz besteht aus mehreren Root-Servern, welche die ZeroTier-Clients untereinander vermitteln und Hinweise auf kurze Ende-zu-Ende-Verbindungen geben. Wenn die Clients keine geeignete Verbindung zueinanderfinden, übernehmen die Root-Server die Weiterleitung der Pakete. Die Root-Server werden von ZeroTier betrieben und stellen damit das Backbone-Netz dar.
Oberhalb des Transport-Underlay-Netzwerks arbeitet die *Ethernet-Virtualisierungs*-Schicht als Overlay-Netz. Sie präsentiert dem Betriebssystem und den Anwendungen das ZeroTier-Netz als Ethernet-Adapter. Damit das erfolgreich ist, muss das Overlay-Netz die typischen Aufgaben und Protokolle im Ethernet beherrschen: ARP, NDP, Broadcast und Multicast.
Um die Konfiguration kümmert sich der *Netzwerk-Controller*, der gleichzeitig Zertifizierungsstelle ist und für die Endpunkte Zertifikate ausstellt. Die von ZeroTier bereitgestellte Software *ZeroTier One* lässt sich als Client, Netzwerk-Controller oder Root-Server verwenden.

Zusammenfassung

ZeroTier ist eine VPN-Lösung, die leicht zu konfigurieren ist und für alle populären Betriebssysteme von PCs und Smartphones nutzbar ist. Die Aushandlung der Tunnel, Algorithmen und Schlüsseln erledigt der *ZeroTier One*-Client automatisch. Für den Zugang zum globalen Netz benötigt der Client nur die Netzwerk-ID, welche der Administrator nach Registrierung im Webportal von ZeroTier erzeugt. Sobald alle Clients angemeldet sind, können sie sich gegenseitig erreichen und finden selbstständig die kürzesten Pfade zwischen ihnen.
Der Erstkontakt des ZeroTier-Clients erfolgt stets gegen die Root-Server des Anbieters. Eine Internetverbindung ist zwingend notwendig, auch wenn sich die Teilnehmer im selben Netzsegment befinden. Dieser Abhängigkeit steht einfache Konfiguration, große Flexibilität und hohe Sicherheit entgegen.

Kapitel 6. ZeroTier

Kapitel 7

IPsec-Tools

Die *IPsec-Tools* sind eine Sammlung von Befehlen, welche auf der IPsec-Implementierung des Linux-Kernels aufbauen. Seit 2018 ist die Entwicklung gestoppt, und die offizielle Webseite [9] rät vom Einsatz der IPsec-Tools aus Sicherheitsgründen ab.
Dennoch ist die Software in vielen Linux-Distributionen enthalten, um mit älteren VPN-Clients kompatibel zu sein. Die Software besteht aus dem Dienst *Racoon* für den automatischen Schlüsselaustausch und verschiedenen Kommandos und Skripten zum Verwalten der IPsec-Verbindungen.

Laboraufbau

Dieses Kapitel demonstriert, wie die IPsec-Tools einen Site-to-Site-Tunnel aufbauen. Danach kommt *Racoon* an die Reihe und bietet einen VPN-Server für mobile Clients. Abbildung 7.1 zeigt eine beispielhafte Netzumgebung. Router RT-2 ist der VPN-Server und gleichzeitig der Endpunkt für den VPN-Tunnel zu RT-4. Durch diesen Tunnel können sich anschließend die Teilnehmer von Standort-2 und Standort-4 erreichen.
Der Zugriff auf den VPN-Server RT-2 ist über das WAN-Interface möglich. Als Clientsoftware nutzt dieses Kapitel den *Cisco VPN-Client*, da dieser auf Smartphones weit verbreitet ist. Eine gängige Alternative ist *Shrew Soft VPN Client*.

Kapitel 7. IPsec-Tools

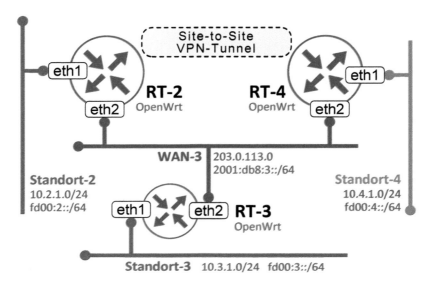

Abbildung 7.1: Die Router bauen IPsec-VPN-Tunnel zueinander auf

Installation

Die IPsec-Tools sind eine zusätzliche Software und liegen im Repository von OpenWrt bereit. Leider installiert der Paketmanager nicht automatisch die abhängigen Pakete, sodass diese händisch aufgeführt werden:

```
1  opkg update
2  opkg install ipsec-tools openssl-util ip-tiny kmod-ipsec4 \
3      kmod-ipsec6
4  ln -s /sbin/ip /usr/sbin/ip
```

Auffällig ist das Startskript von *Racoon*, welches das `ip`-Kommando an einer ungewöhnlichen Stelle erwartet. Der Softlink in Zeile 4 schafft hier Abhilfe. Das mitgelieferte Startskript leidet in OpenWrt 19.07.4 unter verschiedenen Fehlern, die den Start von *Racoon* in den folgenden Szenarien verhindern. Über Anhang A ist ein Patch verfügbar, der die Einschränkungen behebt:

```
opkg install patch libustream-openssl20150806
cd /etc/
wget --output-document=racoon_server.patch \
    --no-check-certificate https://git.io/Jm1LP
patch -p2 < racoon_server.patch
```

Vorsichtige Anwender prüfen vorab den Inhalt der Patch-Datei und führen das patch-Kommando anschließend mit der Option --backup aus, um eine Sicherungskopie zu behalten.

Roadwarrior

Als VPN-Server wartet *Racoon* auf die Einwahl seiner Clients und versorgt diese nach erfolgreicher Authentifizierung mit IP-Adressen und Routen. Den Verbindungsaufbau triggert stets der Client, da der VPN-Server seine Gegenstelle vorab nicht kennt. Das Szenario wird allgemein als *Roadwarrior* bezeichnet.

Racoon ist ein Dienst für den automatischen Schlüsseltausch des *Internet Security Association and Key Management Protocol* (ISAKMP). Er nimmt Anfragen von IPsec-VPN-Clients entgegen und verhandelt mit ihnen die Phasen 1 und 2 des Verbindungsaufbaus (vgl. Kap. 1). Nach erfolgreicher Verhandlung übergibt Racoon die Parameter als *Security Associations* (SA) an den Linux-Kernel.

Die Einrichtung von Racoon auf einem OpenWrt-Router besteht aus Vorschlägen für die Phasen 1 (p1_proposal) und 2 (p2_proposal). Die Vorschläge enthalten die gewünschten Algorithmen, Schlüssellängen und Timeouts. Sie sind für alle Roadwarrior-Clients identisch. Die beispielhafte Konfiguration für Router RT-2 folgt in Listing 7.1.

Zeile 9 legt die Authentifizierung fest. Sie verwendet einen Pre-shared Key (PSK, Zeile 30) in Verbindung mit Xauth. Xauth ist eine IKE-Erweiterung, die eine Anmeldung mit Benutzernamen und Passwort erlaubt. Die Kombination mit dem Pre-shared Key ist wichtig, damit die übermittelten Daten der Phase 1 bereits mit dem PSK verschlüsselt übertragen werden.

Die Zuweisungen im Block sainfo ab Zeile 17 verwenden Racoon im Mode-Config. Diese IKE-Erweiterung bietet dem VPN-Server die Möglichkeit, Einstellungen zum Netzwerk an den Client zu senden. Dazu gehören eine interne IP-Adresse aus einem Adresspool (Zeile 22), ein DNS-Server (Zeile 23) und ein Domänenname (Zeile 24).

Der Tunnel-Block ab Zeile 26 bindet die vorherigen Anweisungen zusammen und konfiguriert daraus den VPN-Dienst.

Kapitel 7. IPsec-Tools

```
1   rm -f /etc/config/racoon
2   touch /etc/config/racoon
3   uci add racoon racoon
4   uci set racoon.@racoon[0].ipversion=4

5   uci add racoon p1_proposal
6   uci rename racoon.@p1_proposal[-1]=p1_aes_xauth
7   uci set racoon.p1_aes_xauth.enc_alg=aes
8   uci set racoon.p1_aes_xauth.hash_alg=sha1
9   uci set racoon.p1_aes_xauth.auth_method=xauth_psk_server
10  uci set racoon.p1_aes_xauth.dh_group=2
11  uci set racoon.p1_aes_xauth.lifetime=86400

12  uci add racoon p2_proposal
13  uci rename racoon.@p2_proposal[-1]=p2_aes_sha
14  uci set racoon.p2_aes_sha.pfs_group=2
15  uci set racoon.p2_aes_sha.enc_alg=aes
16  uci set racoon.p2_aes_sha.auth_alg=hmac_sha1

17  uci add racoon sainfo
18  uci rename racoon.@sainfo[-1]=anonymous
19  uci set racoon.anonymous.enabled=1
20  uci set racoon.anonymous.p2_proposal=p2_aes_sha
21  uci set racoon.anonymous.local_net=10.2.1.0/24
22  uci set racoon.anonymous.remote_net=10.6.1.0/24
23  uci set racoon.anonymous.dns4=10.2.1.2
24  uci set racoon.anonymous.defdomain=openwrt.lab
25  uci set racoon.anonymous.save_passwd=1

26  uci add racoon tunnel
27  uci rename racoon.@tunnel[-1]=vpnc
28  uci set racoon.vpnc.enabled=1
29  uci set racoon.vpnc.remote='anonymous'
30  uci set racoon.vpnc.pre_shared_key=OpenWrtPraktiker
31  uci set racoon.vpnc.exchange_mode=aggressive
32  uci set racoon.vpnc.my_id='rt-2.openwrt.lab'
33  uci set racoon.vpnc.my_id_type=fqdn
34  uci set racoon.vpnc.mode_cfg=on
35  uci add_list racoon.vpnc.p1_proposal=p1_aes_xauth
36  uci add_list racoon.vpnc.sainfo='anonymous'

37  uci commit ; service racoon restart
```

Listing 7.1: Racoon wird zum VPN-Server für einwählende Clients

Firewall

Beim Start von Racoon erstellt das Startskript im Hintergrund die Firewallregeln, die eingehende VPN-Verbindungen in die WAN-Zone erlauben. In der Voreinstellung sind das die Protokolle ESP und AH, sowie die UDP-Ports 500 (ISAKMP) und 4500 (NAT-T).

Sobald sich ein Client per VPN mit dem Server verbunden hat, wird die Firewall den Datenverkehr *durch* den Tunnel unterbinden, da es noch keine Regeln gibt, die ihn gestatten. Da das IP-Netz der VPN-Clients (Zeile 22 in Listing 7.1) zu keiner Firewallzone gehört, benötigt der Tunnelverkehr eine separate Firewallregel. Im einfachsten Fall gestattet OpenWrt in Listing 7.2 den uneingeschränkten Zugriff der VPN-Clients auf die Ressourcen in der LAN-Zone.

```
uci add firewall rule
uci add_list firewall.@rule[-1].proto='all'
uci set firewall.@rule[-1].name='Allow-traffic-inside-tunnel'
uci add_list firewall.@rule[-1].src_ip='10.6.1.0/24'
uci add_list firewall.@rule[-1].src_ip='fd00:6::/64'
uci set firewall.@rule[-1].dest='lan'
uci set firewall.@rule[-1].target='ACCEPT'
uci set firewall.@rule[-1].src='*'
```

Listing 7.2: Die OpenWrt-Firewall erlaubt Zugriff aus dem VPN-Netz

Benutzer

In OpenWrt gibt es nur einen einzigen User root, welcher Zugriff auf die Weboberfläche und die Kommandozeile hat. Das Kommando zum Erstellen weiterer Konten fehlt im Dateisystem. Als VPN-Server benötigt Racoon unterschiedliche Benutzerkonten für die erfolgreiche Einwahl seiner Clients. Hier lässt OpenWrt seine Anwender nicht im Regen stehen und versteckt im Repository das benötigte Kommando im Paket *shadow-useradd*. Nach der Installation ist der gewünschte Befehl useradd vorhanden und lässt sich genauso verwenden wie in anderen Linux-Distributionen:

```
opkg install shadow-useradd
useradd scooper
passwd scooper
```

Kapitel 7. IPsec-Tools

Die angelegten Benutzer sind dann für die Einwahl per VPN-Software berechtigt. Sie haben jedoch *nicht* die Zugriffsrechte auf die Web-UI oder die SSH-Konsole.
Grundsätzlich kann Racoon über den Parameter `auth_source` seine Anwender via PAM, LDAP oder RADIUS validieren. Leider sind diese Features in OpenWrt nicht verfügbar, da das Racoon-Binary ohne Support für diese Methoden kompiliert wurde.

Einwahl

Racoon ist kompatibel zu verschiedenen kommerziellen Netzwerkausrüstern, allen voran Cisco Systems. Der Cisco-VPN-Client lässt sich als Clientsoftware verwenden, die sich gegen einen Racoon-Server authentifiziert. Die Software erhält vom Hersteller seit 2014 keine Unterstützung mehr, wird aber dennoch in den Smartphone-Betriebssystemen iOS und iPadOS offiziell angeboten.
Die Konfiguration gestaltet sich auf dem Smartphone und auf dem Desktop ähnlich. Die verwendeten Einstellungen für die VPN-Einwahl zeigen Tabelle 7.1 und Abbildung 7.2.

Abbildung 7.2: Apple iPhone verwendet den Cisco VPN-Client

Einstellung	Wert
Connection Entry	rt-2.openwrt.lab
Host	203.0.113.2
Group Authentication	☑
Name	*
Password	OpenWrtPraktiker

Tabelle 7.1: Einstellungen für den Cisco VPN-Client

Nach erfolgreicher Einwahl zeigt der Desktop-Client im Bereich *Statistics* und in Abbildung 7.3 die ausgehandelten Krypto-Algorithmen und Adress-Informationen.

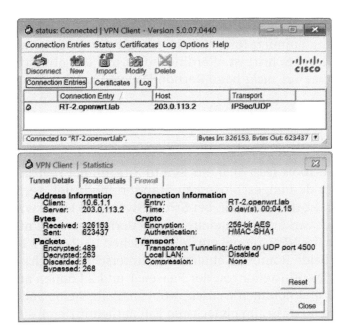

Abbildung 7.3: Ein verbundener Cisco VPN-Client unter Windows

Bei Problemen während der Einwahl verläuft die Fehlersuche mehrheitlich am VPN-Server, da die Client-Programme kaum Möglichkeiten für die Konfiguration bieten und ein „Ausprobieren" damit entfällt.

Steuerung

Bei einem Neustart des Racoon-Dienstes generiert das Startskript eine aktuelle Konfigurationsdatei, trennt aber auch alle VPN-Verbindungen. In produktiven Umgebungen ist dieses Verhalten störend, da sich die VPN-Clients nicht automatisch neu einwählen.
Der Racoon-Dienst lässt sich über den Befehl `racoonctl` verwalten und ihm Informationen entlocken. Welche VPN-Clients sind verbunden und seit wann? Dazu liefert die Option `show-sa` die passende Auskunft:

```
root@RT-2:~# racoonctl show-sa isakmp
Destination         Cookies                              Created
203.0.113.3.58067   8d112dc37226ec2e:0801d5ff35715f89    2020-11-17 10:21:40
```

Weitere Optionen sind `logout-user` zum Trennen einer aktiven VPN-Verbindung, und `show-event` zeigt das Logbuch von Racoon. Die Option `reload-config` animiert Racoon zum erneuten Einlesen seiner Konfigurationsdatei. Dieser Schritt ist allerdings nicht mit UCI abgestimmt, sodass Änderungen per `uci` *nicht* beim Racoon-Daemon ankommen.

Site-to-Site

Mit den IPsec-Tools lässt sich ein Site-to-Site-Tunnel realisieren, der die Teilnehmer in den angeschlossenen Standorten virtuell verbinden kann. Das Ergebnis ist dasselbe wie bei StrongSwan und Libreswan, und wird daher hier nur verkürzt behandelt, um Wiederholungen zu minimieren.
Der beispielhafte VPN-Tunnel entsteht zwischen RT-2 und RT-4. Die Konfiguration für beide Router ist ähnlich und unterscheidet sich nur durch die IP-Adressen. Die Einstellungen der Phasen 1 und 2 können aus Listing 7.1 auf Seite 132 übernommen werden, wobei in Zeile 9 eine andere Authentifizierung vorteilhaft ist. Im einfachsten Fall authentifizieren sich die Router gegenseitig mittels Pre-shared Key:

```
uci set racoon.p1_aes_psk.auth_method=pre_shared_key
```

Im Gegensatz zu Listing 7.1 ist dem VPN-Gateway beim Site-to-Site-VPN seine Gegenstelle und die dahinterliegenden Subnetze bekannt. Racoon benötigt die Angabe aller IP-Netze, die durch den Tunnel transportiert werden sollen. Zusammen mit der Angabe der Gegenstelle entsteht in Listing 7.3 die Konfiguration für Racoon.

```
1  uci add racoon sainfo
2  uci rename racoon.@sainfo[-1]=rt2_lan
3  uci set racoon.rt2_lan.enabled=1
4  uci set racoon.rt2_lan.p2_proposal=p2_aes_sha
5  uci set racoon.rt2_lan.local_net=10.4.1.0/24
6  uci set racoon.rt2_lan.remote_net=10.2.1.0/24

7  uci add racoon tunnel
8  uci rename racoon.@tunnel[-1]=rt2
9  uci set racoon.rt2.enabled=1
10 uci set racoon.rt2.remote=203.0.113.2
11 uci set racoon.rt2.pre_shared_key=OpenWrtPraktiker
12 uci set racoon.rt2.exchange_mode=main
13 uci add_list racoon.rt2.p1_proposal=p1_aes_psk
14 uci add_list racoon.rt2.sainfo=rt2_lan
15 uci commit
```

Listing 7.3: Racoon verhandelt einen Site-to-Site-VPN

Nach einem Neustart von Racoon baut dieser noch keinen VPN-Tunnel auf. Erst wenn ein Teilnehmer des lokalen Standorts (Zeile 5) sein **Gegenüber** in Standort-2 (Zeile 6) anspricht, bemüht sich Racoon um den **Aufbau des Tunnels**.

> **Hinweis**
>
> Die Konfiguration aus Listing 7.3 ersetzt *nicht* den funktionierenden VPN-Server aus Listing 7.1, sondern arbeitet unabhängig davon.

Bevor der Datenverkehr zwischen den Standorten fließen kann, muss die Firewall von OpenWrt die Kommunikation gestatten. Die neue Richtlinie entspricht der Regel aus Listing 7.2, wobei die Angabe `src_ip` das gegenüberliegende IP-Netz enthalten muss.

IPv6

Die Komponenten der IPsec-Tools sind trotz ihres Alters bereit für IPv6. Leider hat das Startskript von OpenWrt nur IPv4 im Sinn, sodass die generierte Konfiguration keine IPv6-Adressen enthält. Für die erstellten Firewallregeln benutzt das Startskript den `iptables`-Befehl, der die Firewall ausschließlich um IPv4-Regeln erweitert.

Wenn Racoon Tunnel über IPv6-Netze aushandeln soll, dann ohne die Hilfe von OpenWrt und UCI. Die benötigten Parameter erhält Racoon klassisch über eine selbstgeschriebene Konfigurationsdatei und der Programmstart erfolgt über die Kommandozeile:

```
service racoon disable
cp /var/racoon/racoon.conf /etc/racoon/
racoon -6 -f /etc/racoon/racoon.conf
```

Zeile 2 erstellt eine Kopie der vorhandenen Konfigurationsdatei als Vorlage für den neuen IPv6-Tunnel. Die neue Position im Dateisystem verhindert, dass das Startskript `/etc/init.d/racoon` ungefragt die bisherige Konfigurationsdatei von Racoon überschreibt und damit die eigenen Änderungen vernichtet.

Fehlersuche

Auf Serverseite protokolliert Racoon seine Tätigkeit ins Logbuch von OpenWrt, welches per `logread` oder in LuCI unter *Status → Systemprotokoll* einsehbar ist.

Um ein Problem einzugrenzen und nähere Informationen zu erhalten, kann Racoon für die Dauer der Fehlersuche seine Logausgabe um viele Details ergänzen.

```
uci set racoon.@racoon[0].debug=1
uci commit
service racoon restart
```

Wenn die Logmeldung auf eine fehlerhafte Security Association hinweist, lohnt sich ein Blick in die *Security Association Database* (SAD) und *Security Policy Database* (SPD). Hier müssen für jeden verbundenen VPN-Client die entsprechenden Einträge stehen. Aus diesen kann der Linux-Kernel die interne IP-Adresse (SPD) dem richtigen Client zuordnen, mit dem passenden Schlüsselmaterial verschlüsseln und an die entsprechende öffentliche IP-Adresse senden (SAD).

Grundsätzlich belegt jeder VPN-Client *zwei* Einträge in der SAD: Ein Eintrag spezifiziert die Verbindung von seiner öffentlichen IP-Adresse zum VPN-Server, und ein weiterer Eintrag beschreibt die Verbindung vom VPN-Server zur öffentlichen IP des Clients. Jeder Eintrag enthält die Krypto- und Hash-Algorithmen, die Menge der übertragenen Bytes, die Dauer der Verbindung und den *Security Parameter Index* (SPI), welcher die Verbindung eindeutig identifiziert.

In der SAD ist jeder Client unterschiedlich oft vertreten. Für jede Route, die der VPN-Server dem Client mitteilt, stehen drei Einträge in der SAD: eingehend, ausgehend und weitergeleitet. Jeder Eintrag hat einen Link zum passenden Eintrag in der SPD, damit der Kernel einen Zusammenhang zwischen tunnel-internen Adressen und öffentlichen Adressen herstellen kann.

Die Befehle `setkey -D` und `setkey -DP` zeigen die Inhalte von SPD und SAD am Bildschirm an.

Ausblick

Die IPsec-Tools sind nicht nur ein VPN-Server für ältere Clients. Die Möglichkeiten von Racoon umfassen Site-to-Site-Tunnel mit Pre-shared Keys oder Zertifikaten. Weiterhin kann Racoon als Roadwarrior arbeiten und sich als Client in einen VPN-Server einwählen.

Da die IPsec-Tools nicht mehr weiterentwickelt werden, empfiehlt sich für neue Setups eine Software mit aktiver Entwicklung und engagierter Community. Wer an Racoon festhalten will, kann einen Blick auf den Nachfolger Racoon2 [10] werfen. Racoon2 implementiert das neuere IKEv2 und den Schlüsselaustausch per Kerberos. Die Konfiguration unterscheidet sich grundlegend von den IPsec-Tools und der Code wird von den Entwicklern noch als *unstable* betrachtet.

Zusammenfassung

Die IPsec-Tools und ihr Herzstück Racoon benutzen die IPsec-Implementierung im Linux-Kernel, um VPN-Tunnel aufzubauen. Die Tools sind knapp zwei Jahrzehnte alt und werden nicht weiterentwickelt. Dennoch sind sie in vielen Linux-Distributionen vorhanden und werden in einigen VPN-Setups eingesetzt.

Unter OpenWrt lässt sich Racoon über das UCI konfigurieren. Die Integration in OpenWrt beschränkt sich auf IPv4-Verbindungen, welches den Einsatz in IPv6-Netzen erschwert. Dafür eignet sich Racoon für Site-to-Site-Tunnel, als VPN-Server für einwählende Clients (Roadwarrior) oder lässt sich als VPN-Client betreiben.

Kapitel 8

GRE

Die Technik *Generic Routing Encapsulation* (GRE) ist ein Tunnelprotokoll, welches nahezu jedes Protokoll der OSI-Ebene 3 verpacken und versenden kann. Der Fokus von GRE liegt in der Flexibilität und nicht in der Sicherheit, denn GRE arbeitet ohne Verschlüsselung oder Authentifizierung.
Normalerweise arbeitet GRE nicht alleine, sondern benutzt IPsec für das notwendige Maß an Sicherheit (vgl. Kap. 1). Andersherum greift IPsec auf GRE zurück, wenn es mehr als nur IP-Unicast-Pakete transportieren muss. Beispielsweise benutzen viele Routingprotokolle Multicast, sodass mithilfe vom Doppelpack „GRE in IPsec" sogar Routing-Nachbarschaften über IPsec-Tunnel entstehen können (vgl. Kap. 2 in Band 3).

In diesem Kapitel bauen zwei OpenWrt-Router einen GRE-Tunnel zwischen sich auf und transportieren darüber die IP-Pakete ihrer Standorte. Der GRE-Tunnel ist die Basis für die Erweiterung *Multipunkt-GRE* (vgl. Kap. 9), bei dem die VPN-Wolke mehr als zwei Teilnehmer hat.

Labornetz

Die beiden Router RT-1 und RT-2 in Abbildung 8.1 formen einen GRE-Tunnel. Jedes Tunnel-Interface erhält eine IP-Adresse, welche für die Route zum gegenüberliegenden Standort benutzt wird.

Kapitel 8. GRE

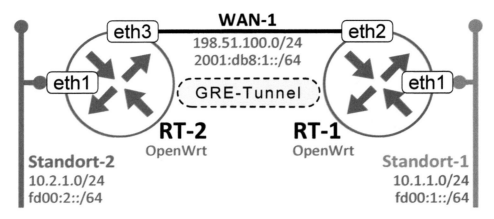

Abbildung 8.1: Der GRE-Tunnel zwischen RT-1 und RT-2 verbindet die Standorte

Einrichtung

OpenWrt platziert die notwendige Software für GRE in einem einzelnen Paket, welches im Repository bereitsteht und per Paketmanager auf das lokale System gelangt:

```
opkg update
opkg install gre kmod-nf-nathelper-extra
```

Die Konfiguration eines GRE-Tunnels beschränkt sich auf das Tunnel-Interface, da GRE weder Authentifizierung noch Verschlüsselung kennt. Das zweite Paket ist ein Helferlein, damit der Firewall-Conntracker die neuen GRE-Pakete nicht als ungültigen Verkehr verwirft.
Die Einrichtung in OpenWrt findet in zwei Schritten statt:

1. Netzadapter für den Tunnel anlegen. Das Interface besteht aus der eigenen WAN-Adresse und der IP-Adresse der Gegenstelle.

   ```
   uci add network interface
   uci rename network.@interface[-1]=tu0
   uci set network.@interface[-1].proto=gre
   uci set network.@interface[-1].ipaddr=198.51.100.1
   uci set network.@interface[-1].peeraddr=198.51.100.2
   uci commit network
   ```

2. Alias-Interface anlegen. Oben auf das GRE-Interface legt OpenWrt die Adresse, die *innerhalb* des Tunnels ansprechbar ist.

```
uci add network interface
uci rename network.@interface[-1]=tu0_static
uci set network.@interface[-1].proto=static
uci set network.@interface[-1].ifname=@tu0
uci set network.@interface[-1].ipaddr=10.6.1.1
uci set network.@interface[-1].netmask=255.255.255.0
uci commit network
```

Nach einem `service network restart` ist der GRE-Tunnel auf Router RT-1 fertig. Die Konfiguration unter RT-2 benutzt dieselben Befehle, allerdings mit „vertauschten" IP-Adressen.

Firewall

Die gegenseitige Erreichbarkeit misslingt aufgrund des Regelwerks der Firewall, denn eingehende GRE-Pakete scheitern an der WAN-Zone. Listing 8.1 erstellt eine Ausnahme für den GRE-Tunnel und funktioniert ohne Änderung auf beiden Routern.

```
uci add firewall rule
uci set firewall.@rule[-1].target='ACCEPT'
uci add_list firewall.@rule[-1].proto='gre'
uci set firewall.@rule[-1].name='Allow-GRE'
uci set firewall.@rule[-1].src='wan'
uci commit
service firewall restart
```

Listing 8.1: Die Firewall akzeptiert GRE-Pakete in der WAN-Zone

Routing

Sobald der GRE-Tunnel fertig ist, lässt sich dieser im IP-Routing wie ein regulärer Netzadapter verwenden. Dabei ist es unerheblich, ob die Routen in LuCI bei *Netzwerk → Statische Routen*, mittels dynamischem Routingprotokoll, oder über die Kommandozeile, entstehen. Die UCI-Befehle aus Listing 8.2 erstellen auf RT-2 eine statische Route zum IP-Netz von Standort-2 durch den GRE-Tunnel. Das ausgehende Interface in Zeile 5 ist dabei das *Alias*-Interface aus Abschnitt *Einrichtung*.

```
1  uci add network route
2  uci set network.@route[-1].target=10.2.1.0
3  uci set network.@route[-1].gateway=10.6.1.2
4  uci set network.@route[-1].netmask=255.255.255.0
5  uci set network.@route[-1].interface=tu0_static
```

Listing 8.2: Eine statische Route führt durch den GRE-Tunnel

IPv6

GRE-Tunnel sind kompatibel zu beiden IP-Versionen. Die Einrichtung eines GREv6-Tunnels unterscheidet sich von seinem IPv4-Pendant durch die Adressen und Schlüsselwörter. In Listing 8.3 entsteht ein weiterer Tunnel zwischen den Routern, der ausschließlich IPv6-Adressen verwendet.

```
uci add network interface
uci rename network.@interface[-1]=tu1
uci set network.@interface[-1].proto=grev6
uci set network.@interface[-1].ip6addr=2001:db8:1::1
uci set network.@interface[-1].peer6addr=2001:db8:1::2
uci commit network

uci set network.tu1_static=interface
uci set network.tu1_static.ifname=@tu1
uci set network.tu1_static.proto=static
uci add_list network.tu1_static.ip6addr=fd00:6::1/64
uci commit network
```

Listing 8.3: Dieser GRE-Tunnel benutzt IPv6-Adressen

Zusammen mit einer statischen IPv6-Route ermöglichen die Router RT-1 und RT-2 die Erreichbarkeit ihrer IPv6-Teilnehmer in den Standortnetzen.

Die Flexibilität von GRE liegt darin, dass ein GRE-Tunnel durch ein IPv4-WAN führen kann und innerhalb des Tunnels IPv6-Pakete transportiert. Andersherum kann ein GRE-Tunnel zwischen zwei IPv6-WAN-Adaptern bestehen und IPv4-Pakete transportieren.

Als Beispiel für diese Unabhängigkeit erhält der GREv6-Tunnel aus Listing 8.3 mit dem folgenden Kommando eine weitere IPv4-Adresse und lässt sich damit von IPv4-Netzen benutzen:

```
uci add_list network.tu1_static.ipaddr=10.6.1.1/24
```

Zusammenfassung

Das Tunnelprotokoll *Generic Routing Encapsulation* erstellt eine virtuelle Verbindung zwischen zwei Routern und transportiert darüber Datenpakete. Das somit entstehende virtuelle private Netzwerk ist unverschlüsselt und nicht authentifiziert.

Die Stärke von GRE ist seine Flexibilität. Denn GRE kann beliebige Protokolle der OSI-Ebene 3 (Netzwerkschicht) verpacken und transportieren. Der fehlenden Verschlüsselung begegnen die Netzdesigner mit einer Schicht IPsec außerhalb des GRE-Tunnels.

Kapitel 8. GRE

Kapitel 9

Multipunkt-VPN

Bei mehr als zehn Standorten werden einzelne VPN-Tunnel zur Vermaschung von Firmennetzwerken unübersichtlich und konfigurationsintensiv. Ein *Dynamic Multipoint Virtual Private Network* (DMVPN) vom Ausrüster Cisco hilft und ist quelloffen. Dieses Kapitel zeigt, wie OpenWrt ein DMVPN aufbaut oder ein Vorhandenes ergänzt, absichert oder vergünstigt.

Einleitung

Die VPN-Software zur Vernetzung von entfernten Standorten ist meist Open Source und kostenlos. Die Auswahl ist erstaunlich groß und läuft auf nahezu jedem Betriebssystem. Die Sicherheit lässt sich mit hohen Schlüssellängen und Zertifikaten beliebig verbessern. Und die mögliche Bandbreite ist im Vergleich zu einer Standleitung oder MPLS erstaunlich günstig.
Das Übel liegt bei der Skalierbarkeit. Denn jeder VPN-Tunnel hat zwei Endpunkte, die erst einmal eingerichtet werden wollen. Und ein Backup-Tunnel wird auch gerne gesehen, welches den Aufwand noch mal nach oben korrigiert.
Bei sechs Standorten ist die Konfiguration der einzelnen Tunnel noch überschaubar. Falls jeder Standort mit jedem anderen sich unterhalten darf, sind beispielsweise 15 Tunnel notwendig.
Gerade wenn viele kleine Standorte wie Vertriebsbüros oder Außenlager zum Firmenverbund gehören, läuft der Konfigurationsaufwand aus dem Ruder. Denn die Zahl der Tunnel wächst exponentiell mit der Anzahl der

Standorte. Bei 30 Standorten und 435 Tunneln hilft nur noch ein Skript oder eine schlauere VPN-Technik gegen schmerzende Finger des Netzwerkadmins.

Bei einem vollvermaschten Netz kann tatsächlich jeder Standort mit jedem anderen direkt kommunizieren. Aber muss denn jeder Standort jeden anderen erreichen können? Wenn die eigene Sicherheitsrichtlinie dazu schweigt, dann wird spätestens eine VoIP-Umgebung exakt das verlangen. Denn der Umweg über ein Transitstandort erhöht die Paketlaufzeit und die verträgt sich nicht mit hoher Sprachqualität.

Dynamischer Multipunkt VPN

Federführend hat Cisco für diese Herausforderung schon vor Jahren mit dem *Dynamic Multipoint VPN* eine VPN-Lösung in seine Produkte eingebaut. Auf der Plattform von *Generic Routing Encapsulation* (GRE, vgl. Kap. 8) und IPsec gehen die Designer dieses Problem technisch an. Das Prinzip basiert auf einer zentralen Instanz (Hub) – meist einem Router in der Firmenzentrale – die alle anderen VPN-Gateways (Spoke) kennt. Falls jetzt Standort A mit Standort B reden möchte, dann informiert sich Router A bei der Zentrale über Router B. Anschließend wird ein neuer VPN-Tunnel zwischen A und B aufgebaut und der Traffic kann fließen (Abbildung 9.1) – ganz automatisch.

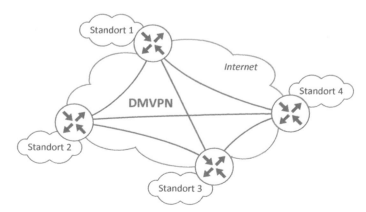

Abbildung 9.1: Beim Multipunkt-VPN baut jeder Router mit jedem einen VPN-Tunnel auf

Für das automatische Lernen der neuen Gegenstelle hat Cisco das *Next Hop Resolution Protocol* (NHRP) erfunden und in RFC 2332 veröffentlicht. Grund genug für die Open-Source-Gemeinde, das Protokoll als OpenNHRP zu implementieren und auf SourceForge zu veröffentlichen [11].
Damit sind alle Teile des Puzzles vorhanden und unter Linux nutzbar. Denn GRE + OpenNHRP + IPsec = DMVPN. OpenWrt stellt die Komponenten im Repository bereit und wird damit zum kostenlosen DMVPN-Router.

> **Hinweis**
>
> Bei OpenVPN gibt es ebenfalls die Möglichkeit, einen Multipoint-VPN aufzusetzen. Die Optionen `client-to-client` und `topology subnet` erlauben zwar die Kommunikation zwischen Standorten, aber unter der Haube fließt der Traffic durch den Hub. Der Umweg über die Zentrale erhöht die Verzögerung und erwartet dort entsprechend mehr Bandbreite.

Anforderung

Eine groß angelegte VPN-Wolke ist mit einem Multipoint-Tunnel noch lange nicht fertig, denn der normale GRE-Tunnel ist erst einmal unverschlüsselt. Also muss eine kleine Schicht IPsec unter dem Tunnel dafür sorgen, dass keiner mithören oder Pakete einschleusen kann.
Anschließend müssen die VPN-Gateways noch ihre angeschlossenen IP-Netze bekannt geben. Die Beispiele in diesem Kapitel verwenden statische Routen. In größeren Umgebungen oder für den automatischen Ausfallschutz empfiehlt sich ein dynamisches Routingprotokoll (vgl. Kap. 2 in Band 3).
Falls bereits eine DMVPN-Lösung im Einsatz ist, könnte OpenWrt als kostenfreies VPN-Backup dienen. Cisco baut zwar bevorzugt proprietär, aber in diesem Fall besteht Hoffnung, da alle Komponenten ein passendes RFC haben.
Bei den Feinheiten und der Auswahl von Features, Verschlüsselungsalgorithmen und Protokollvarianten muss darauf geachtet werden, dass sich Cisco und OpenWrt gut verstehen.

Labornetz

Der Netzaufbau in Abbildung 9.2 verwendet die WAN-Netze als Internetverbindungen zwischen den Standorten. Darüber bauen die Router ein DMVPN-Netz auf. RT-3 wird zum Hub ernannt, mit dem sich die Spokes RT-1 und RT-2 registrieren. Anschließend wird erwartet, dass sich zwischen RT-1 und RT-2 ein Tunnel aufbaut, der ohne den Umweg über RT-3 arbeitet.

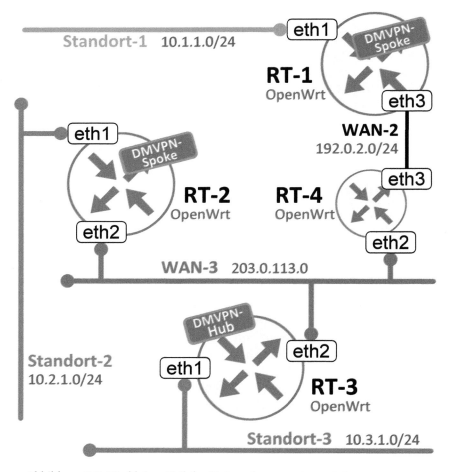

Abbildung 9.2: Ein kleiner Teil des Unternehmensnetzes mit Internetzugang wird im Labor nachgebaut

Router RT-4 bekommt die Rolle des NAT-Gateways, damit der geplante Tunnel sein Können bei Adressänderungen zeigen kann.

Einrichtung

Im ersten Schritt erhalten die OpenWrt-Router alle beteiligten Softwarepakete aus dem Repository. Da DMVPN aus mehreren Technologien besteht, ist die Paketliste etwas länger:

```
opkg update
opkg install opennhrp kmod-ipsec4 kmod-nf-nathelper-extra \
  ipsec-tools openssl-util ip-tiny
```

Die Konfiguration unterteilt sich in Racoon und OpenNHRP, deren Einrichtung unabhängig voneinander ist.

Racoon

Die UCI-Befehle für den Racoon-Dienst ähneln den Anweisungen aus dem Abschnitt *Roadwarrior* von Kapitel 7. In beiden Fällen ist der IPsec-Partner unbekannt oder unerheblich, sodass die Gegenstelle als anonym angenommen wird. Listing 9.1 auf Seite 153 zeigt die Racoon-Konfiguration für alle DMVPN-Router.

Die ausgewählten Algorithmen müssen für alle Teilnehmer identisch sein, da DMVPN einen *gemeinsamen* Tunnel aufbaut, an dem sich alle Router beteiligen. Für das Labornetz reicht eine Authentifizierung mittels Pre-shared Key (Zeile 9), den die Anweisung in Zeile 26 festlegt. Die Angaben in den Zeilen 20 und 21 haben nur die Funktion, dass das Startskript keine Fehlermeldung ausgibt und abbricht.

> **Hinweis**
>
> In der ersten Phase von IKEv1 bevorzugt OpenWrt den *Aggressive Mode*, während Cisco-Router den *Main-Modus* verwenden. Die Anweisung in Zeile 27 erlaubt beide Modi.

In der Voreinstellung müsste jeder DMVPN-Router die IP-Adressen seiner Partner vorab kennen und in der Datei `psk.txt` inklusive des Pre-shared

Keys (PSK) eintragen. Wenn die IP-Adressen dynamisch sind oder das DMVPN regelmäßig um neue Router ergänzt wird, kann ein DMVPN-Router alternativ *jeden* anderen Router akzeptieren, solange der PSK stimmt (Zeile 29).
Dazu ist der folgende einmalige Eingriff am Startskript notwendig:

```
opkg install patch libustream-openssl20150806
cd /etc/
wget --output-document=racoon_dmvpn.patch \
    --no-check-certificate https://git.io/Jm1tm
patch -p2 < racoon_dmvpn.patch
```

Was genau soll Racoon und seine IPsec-Tools beschützen? Die Anleitung kommt per `setkey`-Anweisung und lautet:

```
cat <<EOF > /etc/racoon/dmvpn.conf
#!/usr/sbin/setkey -f
flush;
spdflush;
spdadd 0.0.0.0/0 0.0.0.0/0 gre -P out ipsec esp/transport//require;
spdadd 0.0.0.0/0 0.0.0.0/0 gre -P in  ipsec esp/transport//require;
EOF
```

Durch die beiden `spdadd`-Zeilen erwartet das Skript, dass der Linux-Kernel den gesamten (0.0.0.0/0) GRE-Netzverkehr (`gre`) verschlüsselt.

Damit ist die Konfiguration für Racoon und `setkey` vorbereitet, aber noch nicht aktiv. Das Zusammenspiel beginnt erst, wenn OpenNHRP bereit ist.

```
1   rm -f /etc/config/racoon
2   touch /etc/config/racoon
3   uci add racoon racoon
4   uci set racoon.@racoon[0].ipversion=4

5   uci add racoon p1_proposal
6   uci rename racoon.@p1_proposal[-1]=p1_aes_psk
7   uci set racoon.p1_aes_psk.enc_alg=aes
8   uci set racoon.p1_aes_psk.hash_alg=sha1
9   uci set racoon.p1_aes_psk.auth_method=pre_shared_key
10  uci set racoon.p1_aes_psk.dh_group=5

11  uci add racoon p2_proposal
12  uci rename racoon.@p2_proposal[-1]=p2_aes_sha
13  uci set racoon.p2_aes_sha.pfs_group=5
14  uci set racoon.p2_aes_sha.enc_alg=aes
15  uci set racoon.p2_aes_sha.auth_alg=hmac_sha1

16  uci add racoon sainfo
17  uci rename racoon.@sainfo[-1]=anonymous
18  uci set racoon.anonymous.enabled=1
19  uci set racoon.anonymous.p2_proposal=p2_aes_sha
20  uci set racoon.anonymous.local_net=127.0.1.1/32
21  uci set racoon.anonymous.remote_net=127.0.1.2/32

22  uci add racoon tunnel
23  uci rename racoon.@tunnel[-1]=dmvpn
24  uci set racoon.dmvpn.enabled=1
25  uci set racoon.dmvpn.remote=anonymous
26  uci set racoon.dmvpn.pre_shared_key=1234
27  uci set racoon.dmvpn.exchange_mode=aggressive,main
28  uci set racoon.dmvpn.mode_cfg=off
29  uci set racoon.dmvpn.my_id='*'
30  uci set racoon.dmvpn.my_id_type=user_fqdn
31  uci set racoon.dmvpn.verify_id=0
32  uci add_list racoon.dmvpn.p1_proposal=p1_aes_psk
33  uci add_list racoon.dmvpn.sainfo=anonymous
```

Listing 9.1: Racoon verschlüsselt den DMVPN-Tunnel zwischen allen Partnern

OpenNHRP

Die Implementierung OpenNHRP kommt ohne Integration in LuCI oder UCI, sondern geht den klassischen Weg: Konfigurationsdatei, Startskript und Daemon. Die Einrichtung unterscheidet sich zwischen dem DMVPN-Hub und seinen Spokes. Der Hub generiert ein Tunnel-Interface und wartet auf Anfragen seiner Spokes. Die Spokes erstellen ebenfalls ein Tunnel-Interface und registrieren sich per NHRP bei der IP-Adresse des Hubs.
Die notwendige Software ist bereits seit Abschnitt *Einrichtung* auf Seite 151 installiert. Listing 9.2 zeigt die Einrichtung auf dem Hub, und Listing 9.3 konfiguriert den ersten Spoke.

Listing 9.2: RT-3 als Hub

```
1  ip tunnel add tun0 mode gre key \
     1234 ttl 64
2  ip tunnel change tun0 local \
     203.0.113.3
3  uci set network.DMVPN=interface
4  uci set network.DMVPN.ifname=\
     tun0
5  uci set network.DMVPN.proto=\
     static
6  uci set network.DMVPN.ipaddr\
     =10.6.49.3
7  uci set network.DMVPN.netmask\
     =255.255.255.0
8
9  cat <<EOF > /etc/opennhrp/\
     opennhrp.conf
10   interface tun0
11     holding-time 3600
12     multicast dynamic
13     redirect
14 EOF
```

Listing 9.3: RT-2 als Spoke

```
ip tunnel add tun0 mode gre key \
  1234 ttl 64
ip tunnel change tun0 local \
  203.0.113.2
uci set network.DMVPN=interface
uci set network.DMVPN.ifname=\
  tun0
uci set network.DMVPN.proto=\
  static
uci set network.DMVPN.ipaddr\
  =10.6.49.2
uci set network.DMVPN.netmask\
  =255.255.255.0

cat <<EOF > /etc/opennhrp/\
  opennhrp.conf
interface tun0
  holding-time 3600
  map 10.6.49.3/24 203.0.113.3 \
    register
  multicast nhs
  shortcut
  redirect
EOF
```

Die ersten Zeilen legen mithilfe von UCI ein GRE-Tunnel-Interface an. Auffällig ist die fehlende IP-Adresse der Gegenstelle. Diese ist dem Hub unbekannt und beim Spoke kümmert sich OpenNHRP in seiner Konfigurationsdatei ab Zeile 9. Wichtig ist die Anweisung in Zeile 12, welche die innere Tunnel-Adresse mit der WAN-Adresse des Hubs in Verbindung bringt.

Firewall

Das DMVPN-Konstrukt erwartet einen Durchlass der Firewall für mehrere Protokolle: OpenNHRP benutzt GRE und die IPsec-Tools kommunizieren via ESP, sowie den UDP-Ports 500 und 4500. Die Anweisungen in Listing 9.4 erlauben die genannten Protokolle in einer einzigen Firewallregel, die für alle DMVPN-Router gleich ist.

```
uci add firewall rule
uci set firewall.@rule[-1].dest_port='500 4500'
uci set firewall.@rule[-1].src=wan
uci set firewall.@rule[-1].name=Allow-DMVPN
uci set firewall.@rule[-1].target=ACCEPT
uci add_list firewall.@rule[-1].proto=udp
uci add_list firewall.@rule[-1].proto=esp
uci add_list firewall.@rule[-1].proto=gre
uci commit
service firewall restart
```

Listing 9.4: Die Firewall erlaubt OpenNHRP und die IPsec-Tools

Alle Verbindungen, die *durch* den Tunnel erlaubt sein sollen, erfordern weitere Firewallregeln. Alternativ zu vielen einzelnen Regeln bietet sich eine weitere Firewallzone an, die lediglich das Tunnel-Interface enthält. Über die Zoneneinstellungen lässt sich festlegen, mit welchen anderen Zonen die DMVPN-Zone kommunizieren darf.

MTU

Ein verschlüsseltes VPN-Paket besteht aus zusätzlichen Headern (Abbildung 9.3), die je nach WAN-Technologie und Crypto-Algorithmen unterschiedlich groß sind. Gemeinsam nagen sie an der *Maximum Transmission Unit* (MTU), welche die maximale Paketgröße darstellt, die übermittelt werden kann.
In der Voreinstellung versuchen die IP-Tunnel unter Linux die MTU entlang der Strecke automatisch zu ermitteln. Die *Path MTU Discovery* (PMTUD) funktioniert im Labornetz ganz hervorragend, aber im Internet können Firewalls und schweigsame Backbone-Router die benötigten ICMP-Meldungen verhindern.

Kapitel 9. Multipunkt-VPN

Wenn Racoon die IPsec-Verbindung trotz korrekter Konfiguration nicht aufbauen kann, oder, wenn der etablierte Tunnel instabil bleibt, kann die Ursache bei der MTU-Erkennung liegen. Diese lässt sich beim Anlegen des Tunnel-Interfaces in Zeile 1 von Listing 9.2 deaktivieren und mit einer fixen MTU versehen. Das ip-Kommando ändert sich zu:

```
ip tunnel add tun0 mode gre nopmtudisc key 1234
```

Der korrekte Wert der Tunnel-MTU sollte nicht dem Zufall überlassen werden, da eine ungünstige MTU einen schlechten Einfluss auf die nutzbare Bandbreite durch den VPN-Tunnel hat.

Hierfür gibt es mehrere Möglichkeiten: Entweder eine niedrige aber sichere MTU von 1400 Byte nehmen oder die MTU ausrechnen und anschließend testen. Ein webbasierter MTU-Kalkulator [1] hilft bei der Berechnung. Anschließend kann der Befehl ping <IP> -l 1450 -f die Wahl überprüfen.

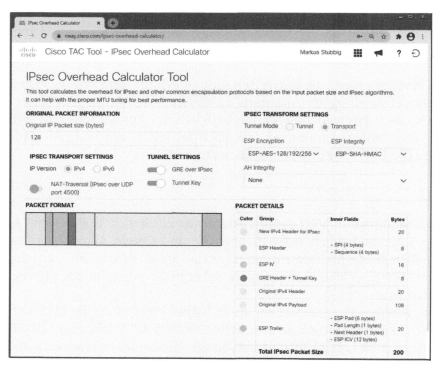

Abbildung 9.3: Ein kleines Paket transportiert mehr Header als Nutzdaten

Einrichtung

Wenn das Berechnen der MTU keinen Erfolg beim Tunnelaufbau bringt, lässt sich die MTU auch ausprobieren. Das Skript in Listing 9.5 sendet ICMP-Pakete vom Spoke zum Hub mit ansteigender Paketgröße. Sobald irgendein Router auf dem Weg das Paket aufgrund seiner Länge nicht zustellen kann, ist die MTU gefunden. Das Skript addiert in Zeile 5 noch die Größe für ICMP- und IP-Header und präsentiert sein Ergebnis. Die ermittelte Zahl ist die MTU für das WAN-Interface.

```
1  opkg install iputils-ping
2  for size in `seq 1280 1480`; do
3    /usr/bin/ping -q -c 1 -s $size -M do 203.0.113.3 >/dev/null
4    [ "$?" -gt 0 ] && {
5      echo "Empfohlene MTU: `expr $size - 1 + 28`"
6      break
7    }
8  done
```

Listing 9.5: Mittels ping lässt sich die MTU ermitteln

Routing

Wenn die Anzahl der Netze aller DMVPN-Router überschaubar bleibt, lässt sich die Routingtabelle der beteiligten Router mit statischen Routen händisch auffüllen. Da der DMVPN-Tunnel ein reguläres Interface in OpenWrt ist, können die statischen Routen per UCI oder per LuCI entstehen. Das folgende Beispiel erstellt eine Route für einen Spoke, welcher das Netz 10.3.1.0/24 ankündigt.

```
uci add network route
uci set network.@route[-1].target=10.3.1.0
uci set network.@route[-1].netmask=255.255.255.0
uci set network.@route[-1].gateway=10.6.49.3
uci set network.@route[-1].interface=DMVPN
uci commit
```

Start

Jetzt sind alle Komponenten vorbereitet und warten auf den Startschuss. Racoon ist die Basis des DMVPN und beginnt zuerst. Per setkey-Anweisung erfährt Racoon sogleich, welche Protokolle zum DMVPN gehören. Zuletzt setzt sich OpenNHRP in Bewegung und triggert den Aufbau von IPsec-Verbindungen zwischen den Routern.

```
service racoon restart
setkey -f /etc/racoon/dmvpn.conf
service opennhrp restart
```

Fehlersuche

DMVPN unter Linux besteht aus etlichen Softwarepaketen. Wenn der `ping` durch den Tunnel scheitert, kann die Ursache bei mehreren Diensten, Protokollen oder Geräten liegen. Die folgenden Programmausgaben eines funktionierenden DMVPNs lassen sich mit einer fehlerhaften Umgebung vergleichen, um die Ursache einzukreisen.
Vor der Prüfung von Racoon und OpenNHRP müssen die Grundlagen erfüllt sein. Die Router können sich gegenseitig erreichen, und die Firewall erlaubt eingehende Verbindungen von UDP-Ports 500, 4500, sowie ESP und IP-Protokoll 47 (GRE) in der WAN-Zone.

Racoon baut eine ISAKMP-Verbindung vom Spoke zum Hub und bei Bedarf auch zwischen den Spokes. Am Beispiel von RT-2 zeigt Racoon die Nachbarschaft zum Hub:

```
root@RT-2:~# racoonctl show-sa isakmp
Destination      Cookies                                  Created
192.0.2.1.500    b4bdad10e86189f2:[...]415e8e9d 2020-11-16 23:58:12
203.0.113.3.500  b8197dd97c0ee0fb:[...]532dc67f 2020-11-16 23:57:36
```

Weiterhin muss Racoon zwischen Spoke und Hub zwei unidirektionale ESP-Verbindungen aufbauen. Bei einem funktionierenden Tunnel zählt Racoon die übertragenen Bytes und listet die Summe beim Wert `current`.

```
root@RT-1:~# racoonctl show-sa esp
192.0.2.1 203.0.113.2
        esp mode=transport spi=17684504(0x010dd818) reqid=0(0x00000000)
        E: aes-cbc  da21a43c a566387c 1bdaf1e0 9722034a
        A: hmac-sha1  4c861bcc 925edbd2 044707da 98eb5b3d a0f760b9
        seq=0x00000000 replay=4 flags=0x00000000 state=mature
        created: Nov 24 23:37:55 2020   current: Nov 24 23:45:08 2020
        diff: 433(s)     hard: 14400(s)   soft: 11520(s)
```

Fehlersuche

```
            last: Nov 24 23:37:55 2020      hard: 0(s)       soft: 0(s)
            current: 10368(bytes)   hard: 0(bytes)   soft: 0(bytes)
            allocated: 96    hard: 0 soft: 0
            sadb_seq=1 pid=3165 refcnt=0
203.0.113.2 192.0.2.1
            esp mode=transport spi=53015702(0x0328f496) reqid=0(0x00000000)
            E: aes-cbc  82887835 35800267 e02e0933 1cd341ca
            A: hmac-sha1  bbce6793 22f63761 411f636b cefafeda 1186d8af
            seq=0x00000000 replay=4 flags=0x00000000 state=mature
            created: Nov 24 23:37:55 2020    current: Nov 24 23:45:08 2020
            diff: 433(s)   hard: 14400(s)   soft: 11520(s)
            last: Nov 24 23:37:55 2020      hard: 0(s)       soft: 0(s)
            current: 10476(bytes)    hard: 0(bytes)   soft: 0(bytes)
            allocated: 97    hard: 0 soft: 0
            sadb_seq=2 pid=3165 refcnt=0
```

OpenNHRP benutzt die IPsec-Tunnel, welche Racoon aufgebaut hat, und sendet dadurch sein Multipoint-GRE. Ob die Gegenstellen tatsächlich erreichbar sind, offenbart `opennhrpctl`. Am Beispiel von Spoke RT-1 zeigt dieser den Hub und eventuell weitere Spokes an.

```
root@RT-1:~# opennhrpctl show
Status: ok

Interface: tun0
Type: local
Protocol-Address: 10.6.49.255/32
Alias-Address: 10.6.49.1
Flags: up

Interface: tun0
Type: local
Protocol-Address: 10.6.49.1/32
Flags: up

Interface: tun0
Type: cached
Protocol-Address: 10.6.49.2/32
NBMA-Address: 203.0.113.2
Flags: up
Expires-In: 51:32

Interface: tun0
Type: static
Protocol-Address: 10.6.49.3/24
NBMA-Address: 203.0.113.3
Flags: up
```

Die Verbindung ist aufgebaut, wenn der Zustand `Flags: up` lautet.

Adressumsetzung

Wenn ein Router im Pfad zwischen Spoke und Hub die IP-Adressen austauscht, erkennt IPsec diese Veränderung am Paket und verwirft es. Dieser Adressumsetzung begegnet IPsec mit *NAT-Traversal*, welches das IPsec-Paket in einen weiteren UDP-Header einwickelt und über Port 4500 verschickt. Die beiden VPN-Gateways verhandeln NAT-Traversal während des Verbindungsaufbaus.

Die vom Racoon-Startskript generierte Konfigurationsdatei schaltet NAT-Traversal automatisch ein, sodass alle DMVPN-Teilnehmer ein NAT-Gateway im Pfad erkennen und auf UDP umschalten.

Im Labornetz lässt sich dieses Verhalten nachstellen, indem Router RT-4 die IP-Adressen in den Paketen von/zu DMVPN-Spoke RT-1 manipuliert. Wichtig ist in diesem Szenario, dass RT-4 keine Pakete an RT-1 mehr zustellt, die an seine originale WAN-Adresse gerichtet sind.

Ob ein DMVPN-Router trotz Adressumsetzung erreichbar ist, verrät Open-NHRP mit dem `opennhrpctl`-Befehl:

```
root@RT-1:~# opennhrpctl show
[...]
Interface: tun0
Type: dynamic
Protocol-Address: 10.6.49.1/32
NBMA-Address: 203.0.113.4
NBMA-NAT-OA-Address: 192.0.2.1
Flags: used up
Expires-In: 57:13
```

IPv6

Alle Konzepte für DMVPN sind tauglich für IPv6. Leider akzeptiert die Implementierung OpenNHRP in der `map`-Anweisung (Zeile 12 in Listing 9.3 auf Seite 154) nur IPv4-Adressen, was den DMVPN-Tunnel in OpenWrt auf die IPv4-Welt beschränkt. Hier sind die Kollegen vom *FRRouting*-Projekt [12] weiter, denn ihre Implementierung hat zumindest experimentellen IPv6-Support.

Kompatibilität

OpenWrt nutzt OpenNHRP [11] und unterstützt damit die DMVPN Phasen 1 (hub-to-spoke) und 2 (spoke-to-spoke). Bei Phase 3 geht es um Skalierbarkeit bis zu tausenden von Standorten und das bleibt Cisco-proprietär.

Ausblick

Große DMVPN-Umgebungen mit vielen Routern und IP-Netzen ziehen einen hohen Verwaltungsaufwand nach sich. Statisches Routing ist hier zwar möglich, aber sehr aufwendig. Spätestens beim Ausfallschutz beginnt die Reise zum dynamischen Routing. Beim Routingprotokoll *Open Shortest-Path First* (OSPF, vgl. Kap. 2 in Band 3) sendet jeder Router seine IP-Informationen an alle seine Kollegen, die sich daraus ihre Routingtabellen aufbauen. Sobald die DMVPN-Verbindung zwischen allen Teilnehmern eingerichtet ist, kommt OSPF zum Zug. Über das Tunnelinterface baut OSPF eine Nachbarschaftsbeziehung zum DMVPN-Hub auf. Anschließend verkündet OSPF die eigenen IP-Netze an den Hub, welcher die Info sofort an alle anderen OSPF-Nachbarn schickt.

Zusammenfassung

Wenn die Anzahl der Firmenstandorte schneller wächst als die fleißigen Finger der Netzwerkadmins mitkommen, muss einer bestehenden VPN-Vermaschung etwas Dynamik beigebracht werden. *Dynamic Multipoint VPN* ist Ciscos Allzweckwaffe für Skalierbarkeit bei VPN-Vernetzungen. Denn jeder beteiligte VPN-Router kann mit jedem anderen ohne zusätzliche Konfiguration einen direkten Tunnel aufbauen. Das erspart Tipparbeit und verringert Paketlaufzeiten.
Glücklicherweise bietet OpenWrt die notwendigen Protokolle GRE, OpenNHRP und IPsec an, um eine neue DMVPN-Landschaft aufzubauen oder die bestehende Cisco-Welt zu erweitern. Für die Konfiguration wechseln sich UCI und die Linux-Shell ab. Lediglich das Manko mit IPv6 beschränkt das eigene DMVPN auf die klassische IP-Welt.

Kapitel 9. Multipunkt-VPN

Kapitel 10

DNS-Tunnel

OpenWrt kategorisiert die Software zum DNS-Tunnel in die Rubrik *Firewall/Tunnel*, also darf diese exotische Tunnel-Technik in einem Buch über VPN nicht fehlen. Dabei ist ein *IP-over-DNS*-Tunnel kein klassischer VPN, welcher zwei Subnetze verbindet, sondern ein trickreicher Workaround, der strenge Firewalls oder das *Captive Portal* eines WiFi-Hotspots umgehen kann.

Der Trick liegt darin, den eigenen Netzverkehr als DNS-Anfragen und DNS-Antworten zu tarnen. Falls die limitierende Firewall eine Namensauflösung per DNS gestattet, lässt sich ein IP-over-DNS-Tunnel durch die Firewall graben und damit das Internet erreichen. Jenseits der Firewall muss ein entsprechendes Gerät die präparierten DNS-Pakete annehmen, verstehen und ihren Inhalt weiterleiten.

Funktionsweise

Der DNS-Tunnel besteht aus einem Client und einem Server. Der Server hat freien Internetzugang und lauscht auf Anfragen vom Client. Der Client befindet sich in einem eingeschränkten Netz und kann seinen Server kontaktieren.

Client und Server kommunizieren ausschließlich über das DNS-Protokoll. Der Client erreicht seinen Server nicht direkt, sondern adressiert ihn über einen DNS-Namen. Der Server, welcher gleichzeitig ein DNS-Server ist, erhält die DNS-Anfragen und antwortet per DNS-Reply. Der *Inhalt* der DNS-

Kommunikation besteht aus IP-Paketen, die der Client an seinen Server sendet. Durch das Verpacken von IP-Paketen in DNS-Paketen entsteht ein Tunnel. Der Server entfernt die DNS-Hülle und sendet das enthaltene IP-Paket weiter an sein ursprüngliches Ziel.
Der DNS-Tunnel benötigt:

- den Server `iodined`. Dieser läuft auf einem OpenWrt-Router, welcher die DNS-Anfragen vom Client erhält.

- den Client `iodine`. Diese Software läuft auf einem beliebigen Endgerät, welches in einem restriktiven Netzwerk „gefangen" ist.

- eine DNS-Domäne. Anhand dieser DNS-Domäne kann der Client den Servernamen auflösen und ihn erreichen.

Abbildung 10.1 zeigt die rekursive Namensauflösung für den Betrieb eines DNS-Tunnels. In Schritt 1 richtet sich der Client an seinen vorgegebenen DNS-Server und fragt nach einem Eintrag in der präparierten DNS-Domäne. Der DNS-Server hat darauf keine Antwort, sodass er sich in Schritt 2 beim autoritativen DNS-Server dieser Domäne informieren muss. Dieser DNS-Server ist gleichzeitig Tunnel-Endpunkt und versteht die präparierten DNS-Anfragen seines Clients. Er antwortet in Schritt 3 mit den gewünschten Informationen, welche der zwischengeschaltete DNS-Server in Schritt 4 an den Client zurückgibt.

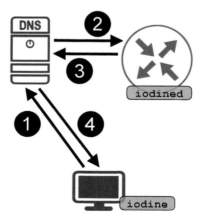

Abbildung 10.1: Per DNS-Anfragen erreicht der Client indirekt seinen Server

In der Kette zwischen Client und Server können auch mehrere DNS-Server mitspielen. Damit keiner der DNS-Server die Anfragen und Antworten zwischenspeichert, fragt der Client stets nach neuen, zufälligen Hostnamen, die noch in keinem Cache stehen.

Die verwendete DNS-Domäne muss im Internet auflösbar sein. Der DNS-Tunnel belegt davon eine Subdomäne mit beliebigem Namen. Die öffentlichen DNS-Server beantworten die Anfragen an die Subdomäne und verweisen auf den präparierten DNS-Server.

Laboraufbau

Der DNS-Tunnel im Labornetz benötigt keine öffentliche DNS-Domäne. Der OpenWrt-Router RT-2 wird zum laborinternen DNS-Server, welcher die beispielhafte Domäne *openwrt.lab* hostet. Bei Fragen an die Subdomäne *x.openwrt.lab* verweist RT-2 an den DNS-Server RT-1, der die Software für den Tunnel-Server gestartet hat.

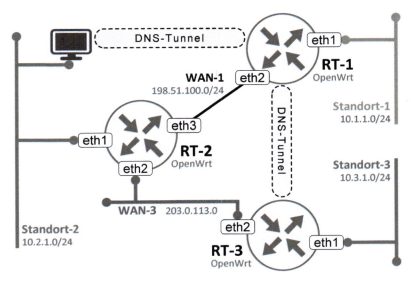

Abbildung 10.2: Laboraufbau mit IP-over-DNS-Tunneln

Zugriff auf den Tunnel-Server kommt von RT-3, welcher den Tunnel-Client darstellt. Dazwischen ist OpenWrt-Router RT-2, der ausschließlich DNS-

Pakete passieren lässt. Im Standortnetz von RT-2 versucht anschließend noch ein Windows-Rechner einen DNS-Tunnel mit RT-1 aufzubauen. Der gesamte Aufbau ist in Abbildung 10.2 dargestellt.

Vorbereitung

Zuerst wird Router RT-2 zur Blockade, der zwischen seinen Netzadaptern per Firewallregeln nur noch DNS-Pakete passieren lässt. Die Konfiguration entspricht einem WiFi-Hotspot mit Captive Portal und ist in Abbildung 10.3 dargelegt. Anschließend wird RT-2 zum DNS-Server für die anderen Router

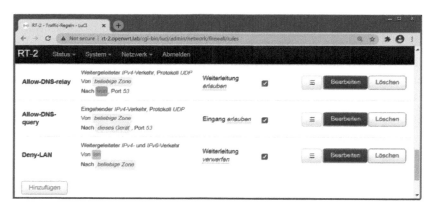

Abbildung 10.3: Router RT-2 erlaubt nur DNS-Pakete

und Clients. Damit kann der DNS-Dienst auf RT-2 eine beliebige, interne DNS-Domäne für den DNS-Tunnel festlegen, ohne dass diese bei einem öffentlichen DNS-Server registriert (und bezahlt) werden muss. Die Software *dnsmasq* ist bei OpenWrt vorinstalliert und benötigt lediglich die folgende Änderung, um die gewählte Subdomäne *x.openwrt.lab* an den Tunnel-Server zu verweisen:

```
uci add_list dhcp.cfg01411c.server='/x.openwrt.lab/198.51.100.1'
uci commit
service dnsmasq restart
```

Der Name der Subdomäne ist willkürlich, sollte aber kurz sein, damit im DNS-Paket mehr Platz für Nutzdaten bleibt.

Einrichtung

Die Software für den DNS-Tunnel liegt unter dem Namen *iodined* (Server) und *iodine* (Client) im Repository bereit.

Tunnel-Server

Mit einem knappen `opkg install iodined` installiert OpenWrt die Serverkomponente und füllt seine Konfigurationsdatei mit beispielhaften Werten. Die Anpassung an die eigene Umgebung erfolgt per UCI-Kommandos. Benötigt werden der Domänenname, ein Subnetz für die Teilnehmer innerhalb des Tunnels und ein Passwort zur Authentifizierung:

```
uci set iodined.@iodined[0].tld=x.openwrt.lab
uci set iodined.@iodined[0].tunnelip=10.6.16.1
uci set iodined.@iodined[0].password=DerOpenWrtPraktiker
uci commit iodined
```

Bevor iodined seine DNS-Tore öffnen kann, muss der vorinstallierte DNS-Dienst *dnsmasq* diese schließen. Ansonsten startet `iodined`, aber horcht nur am Loopback-Adapter.

```
service dnsmasq stop
service iodined restart
```

Zugriff auf den DNS-Dienst am WAN-Adapter erlaubt OpenWrt nur nach einer Anpassung der Firewallregeln aus Listing 10.1. Danach ist der Tunnel-Server aktiv und wartet auf Anfragen.

```
uci add firewall rule
uci set firewall.@rule[-1].dest_port=53
uci set firewall.@rule[-1].src=wan
uci set firewall.@rule[-1].name=Allow-iodined
uci set firewall.@rule[-1].family=ipv4
uci set firewall.@rule[-1].target=ACCEPT
uci add_list firewall.@rule[-1].proto=udp
uci commit firewall
service firewall restart
```

Listing 10.1: Die OpenWrt-Firewall erlaubt Zugriff auf den DNS-Dienst

Tunnel-Client

Das Gegenstück kommt per `opkg install iodine` aufs System, bringt aber keine UCI-Befehle für die Konfiguration mit. Der Start des Tunnel-Clients erfolgt per `iodine`-Kommando, gefolgt von den gewünschten Parametern auf der Kommandozeile. Hier benötigt der Aufruf den Namen der DNS-Subdomäne und das Kennwort zur Authentifizierung. Der zusätzliche Parameter `-f` hält den Prozess im Vordergrund und gibt Statusmeldungen im Konsolenfenster von Listing 10.2 aus.

```
1  root@RT-3:~# iodine -f -P DerOpenWrtPraktiker x.openwrt.lab
2  Opened dns0
3  Opened IPv4 UDP socket
4  Sending DNS queries for x.openwrt.lab to 127.0.0.1
5  Autodetecting DNS query type (use -T to override).
6  Using DNS type NULL queries
7  Version ok, both using protocol v 0x00000502. You are user #0
8  Setting IP of dns0 to 10.6.16.2
9  Setting MTU of dns0 to 1130
10 Server tunnel IP is 10.6.16.1
11 Testing raw UDP data to the server (skip with -r)
12 Server is at 198.51.100.1, trying raw login: OK
13 Sending raw traffic directly to 198.51.100.1
14 Connection setup complete, transmitting data.
```

Listing 10.2: `iodine` erreicht seinen Server und erstellt den DNS-Tunnel

Der Aufruf von `iodine` in Zeile 1 enthält *nicht* die IP-Adresse des Tunnel-Servers. Diese muss der lokale DNS-Resolver in Zeile 4 in Erfahrung bringen. Dazu informiert sich der DNS-Resolver bei seinem zuständigen Nameserver nach dem autoritativen DNS-Server für seine angefragte Subzone und erfährt die IP-Adresse des Servers in Zeile 12. Der Ablauf der Namensauflösung ist in Abbildung 10.1 auf Seite 164 dargestellt.

Nach dem erfolgreichen Verbindungsaufbau erhält der Tunnel-Client die IP-Adresse aus Zeile 8 und weist sie dem neuen Netzadapter *dns0* zu.

Nutzung

Zwischen RT-3 und RT-1 besteht ein DNS-Tunnel, der allerdings noch keine IP-Pakete transportiert. Dazu benötigt OpenWrt ein neues Interface, welches sich über den Tunneladapter *dns0* stülpt. Auf diese Weise kann OpenWrt den Tunnel für Firewallregeln und für das IP-Routing benutzen.

Die Konfiguration erfolgt wahlweise per LuCI oder UCI, wobei Listing 10.3 das neue Interface mit UCI-Befehlen erstellt. Die Anweisung in Zeile 5 platziert den DNS-Tunnel in der Firewallzone *lan*, was keine weiteren Regeln für den Zugriff notwendig macht. Anschließend legt Abbildung 10.4 eine neue Default-Route durch den Tunnel, sodass alle Verbindungsanfragen in den Tunnel wandern.

```
1  uci set network.dns0=interface
2  uci set network.dns0.ifname=dns0
3  uci set network.dns0.proto=none
4  uci set network.dns0.delegate=0
5  uci set firewall.cfg02dc81.network='lan CAMPUS SITE dns0'
```

Listing 10.3: OpenWrt platziert den DNS-Tunneladapter in der LAN-Firewallzone

Abbildung 10.4: RT-3 sendet alle Verbindungsanfragen in den DNS-Tunnel

Die Verbindungsanfragen von RT-3 verlassen den DNS-Tunnel bei RT-1 mit der internen IP-Adresse 10.6.16.2, die im umliegenden Subnetz niemand kennt. Als Folge erreicht RT-3 die Hosts in Standort-1 – diese können aber nicht antworten, da ihnen das IP-Netz des Absenders unbekannt ist.

Je nach Umgebung und administrativem Aufwand gibt es hier zwei Lösungsansätze:

- Routing. Das Tunnel-Netz 10.6.16.0/24 ist den Endgeräten oder den Routern im Zielnetz bekannt und sie senden die Antwortpakete gezielt an den verantwortlichen Router RT-1.

- Adressumsetzung. Der Tunnel-Server ersetzt die Quell-IP-Adresse seiner Tunnel-Clients mit seiner eigenen Adresse, bevor er die IP-Pakete weiterschickt. Dafür erhält RT-1 die neue NAT-Regel:

```
uci add firewall nat
uci set firewall.@nat[-1].name='Hide-Tunnel-Clients'
uci set firewall.@nat[-1].src='lan'
uci set firewall.@nat[-1].src_ip='10.6.16.0/24'
uci set firewall.@nat[-1].target='MASQUERADE'
```

Die Hosts im umliegenden Standortnetz benötigen dafür keine Änderung.

Fehlersuche

Bei Problemen richtet sich der Fokus auf die Namensauflösung und auf den Tunnel-Client. Beide Bereiche können vom Client-Betriebssystem überprüft werden. Eine DNS-Anfrage nach der geplanten DNS-Domäne muss ein Nameserver mit einem Verweis an den Tunnel-Server beantworten. Passende Kommandos auf OpenWrt sind `nslookup` sowie `dig` und `host` aus dem Paket *bind-tools*. Die Anfrage nach dem verantwortlichen Nameserver für *x.openwrt.lab* liefert die erwartete Antwort:

```
root@RT-3:~# host -t ns x.openwrt.lab
x.openwrt.lab name server ns.x.openwrt.lab.
```

Wenn die Antwort ausbleibt oder einen falschen Nameserver enthält, wird die spätere Anfrage an den Tunnel-Server diesen nicht erreichen und der DNS-Tunnel scheitern. Die Einrichtung der DNS-Einträge über die Weboberfläche des gewählten DNS-Providers benötigt einen NS-Eintrag für die Subzone und einen A-Eintrag für den Tunnel-Server. Tabelle 10.1 zeigt beispielhafte Einträge für die Subdomäne *x.openwrt.lab*.

Name	Typ	Wert
x.openwrt.lab.	NS	ns.x.openwrt.lab.
ns.x.openwrt.lab.	A	198.51.100.1

Tabelle 10.1: *iodine* benötigt eine eigene DNS-Subzone

Bei korrekter Namensauflösung lässt sich der Tunnel-Client im *Debug-Modus* starten. Damit generiert `iodine` deutlich mehr Meldungen auf der Kommandoausgabe und verrät damit eventuell die Ursache.

```
iodine -D -f -P DerOpenWrtPraktiker x.openwrt.lab
```

Wenn der Tunnel-Client keinen sinnvollen Hinweis gibt, lässt sich der Tunnel-Server ebenfalls im Debug-Modus betreiben – allerdings nicht mit Mitteln von UCI. Der Workaround besteht darin, den `iodined`-Dienst zu stoppen und anschließend in der Konsole mit dem Parameter -D händisch zu starten.

```
service iodined stop
iodined -f -D -P DerOpenWrtPraktiker 10.6.16.1 x.openwrt.lab
```

> **Hinweis**
> Die Option -DD lässt die Meldungsflut nochmals vergrößern.

Wenn der DNS-Tunnel nicht im Labornetz, sondern im Internet entsteht, gibt der Anbieter auf seiner Webseite Unterstützung.
Die URL `https://code.kryo.se/iodine/check-it/` überprüft ein Setup und gibt Hinweise auf eine mögliche Fehlerursache.

Sicherheit

Der DNS-Tunnel überträgt seine Daten im Klartext. Damit können Paketinhalte mitgelesen und sogar verändert werden. Das Kennwort aus Listing 10.2 dient lediglich der Authentifizierung zwischen Server und Client. Das Ziel von *iodine* ist nicht die Datensicherheit während der Übertragung, sondern ein Durchbrechen von Firewalls und Captive Portals. Das notwendige Maß an Vertraulichkeit schafft ein sicheres Protokoll innerhalb des DNS-Tunnels, wie beispielsweise HTTPS oder SSH. Alternativ kann IPsec die Daten verschlüsseln, bevor sie in den Tunnel wandern.

Durchsatz

Die Datenrate durch den DNS-Tunnel ist abhängig von den DNS-Servern und ihrer Bereitschaft, dem Client zügig zu antworten. Die gemessene Durchsatzrate ist demnach nicht nur abhängig von der Bandbreite der Netzadapter, sondern auch von einem gewollten Bandbreitenlimit der DNS-Server.
Im Labornetz misst RT-3 den Durchsatz zu seinem DNS-Tunnel-Server und erreicht einen Messwert von 55 Mbit/s (Listing 10.4). In realen Umgebungen kann der Messwert auf wenige kbit/s sinken.

```
root@RT-3:~# iperf3 --client 10.1.1.7 --time 60 --interval 60
Connecting to host 10.1.1.7, port 5201
[  5] local 10.6.16.2 port 57398 connected to 10.1.1.7 port 5201
[ ID] Interval           Transfer     Bitrate         Retr  Cwnd
[  5]   0.00-60.00  sec   395 MBytes  55.3 Mbits/sec  760   77.9 KBytes
- - - - - - - - - - - - - - - - - - - - - - - - - -
[ ID] Interval           Transfer     Bitrate         Retr
[  5]   0.00-60.00  sec   395 MBytes  55.3 Mbits/sec  760         sender
[  5]   0.00-60.06  sec   394 MBytes  55.0 Mbits/sec              receiver

iperf Done.

root@RT-3:~# iperf3 --client 10.1.1.7 --time 60 --interval 60 --reverse
Connecting to host 10.1.1.7, port 5201
Reverse mode, remote host 10.1.1.7 is sending
[  5] local 10.6.16.2 port 57402 connected to 10.1.1.7 port 5201
[ ID] Interval           Transfer     Bitrate         Retr  Cwnd
[  5]   0.00-60.00  sec   373 MBytes  52.1 Mbits/sec
- - - - - - - - - - - - - - - - - - - - - - - - - -
[ ID] Interval           Transfer     Bitrate         Retr
[  5]   0.00-60.04  sec   374 MBytes  52.3 Mbits/sec  0           sender
[  5]   0.00-60.00  sec   373 MBytes  52.1 Mbits/sec              receiver

iperf Done.
```

Listing 10.4: Welche Datenrate erreicht ein DNS-Tunnel im Labornetz?

Clients

Ein DNS-Tunnel ist nicht auf OpenWrt beschränkt, denn der Anbieter von *iodine* [13] verspricht Kompatibilität mit Linux, BSD, macOS und Windows

– für Letzteres gibt es sogar vorkompilierte Binaries. Der Aufruf des Tunnel-Clients ist unter allen Betriebssystemen identisch und ist in Listing 10.2 beschrieben.
Bei Windows wird vorab ein TAP-Adapter benötigt, den *iodine* für den Betrieb des DNS-Tunnels erwartet. Der TAP-Adapter ist eine Entwicklung von OpenVPN (vgl. Kap. 2), welche der Anbieter auf seiner Downloadseite für Windows bereitstellt. Der Installer von OpenVPN bietet die Installation des TAP-Adapters, ohne dass die restliche OpenVPN-Software mitkommt. Anschließend kann `iodine.exe` in Abbildung 10.5 seinen Server kontaktieren und einen DNS-Tunnel aufbauen.

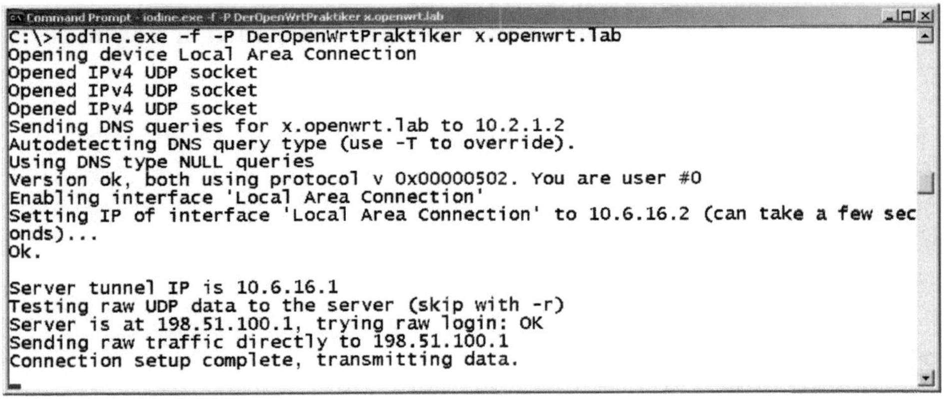
Command Prompt - iodine.exe -f -P DerOpenWrtPraktiker x.openwrt.lab
C:\>iodine.exe -f -P DerOpenWrtPraktiker x.openwrt.lab
Opening device Local Area Connection
Opened IPv4 UDP socket
Opened IPv4 UDP socket
Opened IPv4 UDP socket
Sending DNS queries for x.openwrt.lab to 10.2.1.2
Autodetecting DNS query type (use -T to override).
Using DNS type NULL queries
Version ok, both using protocol v 0x00000502. You are user #0
Enabling interface 'Local Area Connection'
Setting IP of interface 'Local Area Connection' to 10.6.16.2 (can take a few sec
onds)...
OK.
Server tunnel IP is 10.6.16.1
Testing raw UDP data to the server (skip with -r)
Server is at 198.51.100.1, trying raw login: OK
Sending raw traffic directly to 198.51.100.1
Connection setup complete, transmitting data.

Abbildung 10.5: Windows baut einen DNS-Tunnel auf

Technischer Hintergrund

Wenn der Client Datenpakete durch den Tunnel an seinen Server senden möchte, dann verpackt *iodine* den Inhalt als DNS-Anfrage nach einem Hostnamen und der konfigurierten Domäne. Der angefragte FQDN lautet beispielsweise:

```
lab2c1xgdcsyqbvxye2zx4o12afyrr5a.x.openwrt.lab: type NULL, class IN
```

DNS-Namen dürfen laut RFC 1035 maximal 255 Zeichen haben, also wird *iodine* längere Inhalte auf mehrere Anfragen aufteilen. In der Praxis halten sich nicht alle Implementierungen an dieses Limit, sodass *iodine* auch kürzere Hostnamen generieren kann. Ein kleinerer Maximalwert hat den Effekt, dass *mehr* Anfragen in ein DNS-Paket passen.

Der DNS-Tunnel-Client kann nach unterschiedlichen Typen fragen: A, MX, CNAME, sowie TXT und SRV, wobei die beiden Letzteren einen besseren Datendurchsatz erreichen. Der *iodine*-Client prüft beim Start, mit welchem Typ der Tunnel-Server erreichbar ist, und verwendet diesen für den DNS-Tunnel.

Sobald die DNS-Anfrage den Tunnel-Server erreicht, erkennt dieser den angefragten Hostnamen und den darin codierten Inhalt. Der Server baut daraus die ursprünglichen IP-Pakete und sendet diese weiter ins LAN. Pakete für den Client verpackt der Server als DNS-Antwort-Paket und schickt sie an den anfragenden DNS-Server, worüber sie letztendlich den DNS-Client erreichen.

Der Anbieter von *iodine* verwendet ein selbstentwickeltes Protokoll, um IP-Pakete zuverlässig per DNS zu übertragen. Das Protokoll legt fest, wie die Anfragen codiert sind und wie Client und Server die DNS-Paketinhalte auffüllen. Der Aufbau des Protokolls ist zwar dokumentiert, hat aber kein entsprechendes RFC, da es nur intern in *iodine* verwendet wird.

Zusammenfassung

Ein DNS-Tunnel hüllt die IPv4-Kommunikation in DNS-Pakete und verbindet damit beide Endpunkte des Tunnels. Der Einsatz liegt in abgesicherten Netzen, die nur DNS-Anfragen gestatten, wie beispielsweise WiFi-Hotspots mit Captive Portal.

Der Tunnel-Client richtet seine DNS-Anfragen an eine vorbereitete DNS-Domäne. Sein Nameserver kann die Anfragen nicht selbst beantworten, sondern reicht den DNS-Query weiter an den Tunnel-Server, welcher gleichzeitig DNS-Server für die Domäne ist. Die Antworten vom Tunnel-Server erreichen den Tunnel-Client per DNS-Antwortpaket. Auf diese Weise kommunizieren die Tunnelpartner per DNS durch das restriktive Netzwerk.

Der DNS-Tunnel stellt dabei einen geschickten Workaround dar und eignet sich nicht als vollwertiger VPN zum Verbinden von Standortnetzen oder mobilen Clients.

Kapitel 11

SoftEther VPN

SoftEther VPN [14] ist eine VPN-Implementierung, welche SSL-VPN, IPsec, Microsoft Secure Socket Tunneling Protocol (SSTP), L2TP und OpenVPN unterstützt. Die Software arbeitet als Server, Client oder als Netzbrücke. Der Anbieter stellt fertige Softwarepakete für Windows, Linux, FreeBSD, macOS und Solaris bereit.

Für die Konfiguration spendiert der Hersteller eine grafische Oberfläche für Windows und macOS, welche die SoftEther-VPN-Router einrichtet. Der Zugriff auf die Kommandozeile ist nur für die Installation nötig.

Die Software ist kostenlos (auch für kommerzielle Einsätze), quelloffen und hat eine erstaunliche Feature-Liste.

Arbeitsweise

Die Software *SoftEther VPN* spaltet sich in mehrere Komponenten, die sich nach ihrem Einsatzzweck unterscheiden:

- VPN-Server,
- VPN-Client,
- VPN-Bridge,
- VPN-Servermanager.

Der VPN-Server lauscht auf Verbindungsanfragen von VPN-Clients und VPN-Bridges. Ein Tunnel zwischen dem Server und einem Client wird zum

Remote-Access-VPN. Ein Tunnel zwischen dem Server und einer Bridge ist ein Site-to-Site-VPN.

Der Servermanager ist die Verwaltungsoberfläche für VPN-Server und VPN-Bridges. Für die Kommandozeile bringt SoftEther den Befehl vpncmd mit, der für alle unterstützten Betriebssysteme verfügbar ist.

Für die Paketverarbeitung nutzt SoftEther die Konzepte des *Virtual Hub*, *Virtual Network Adapter* und *Virtual Layer-3 Switch*. Der *Virtual Hub* ist ein virtueller Switch, den SoftEther per Software emuliert. Genau wie bei einem physischen Gerät benötigt die Software-Variante einen Zugang zum umliegenden Netzwerk. Jeder VPN-Tunnel endet an einem *Virtual Hub*. Über eine Netzbrücke gelangen die Pakete weiter ins LAN.

Ein VPN-Client benutzt einen *Virtual Network Adapter*, um die VPN-Verbindung aufzubauen. Dabei handelt es sich um die virtuelle Variante eines Netzadapters.

Der *Virtual Layer-3 Switch* ist ein virtueller Router, der virtuelle Interfaces hat und damit virtuelle Switches verbindet. Es gibt sogar eine virtuelle Routingtabelle.

SoftEther baut damit reguläre Netzkomponenten in Software nach und lässt den Admin über die Konfigurationsoberfläche seine VPN-Umgebung komponieren. Die Fähigkeiten von OpenWrt werden dabei kaum benötigt.

Labor

Der Laboraufbau für eine VPN-Verbindung zwischen zwei SoftEther-Geräten besteht aus den beiden Routern RT-1 und RT-2, welche einen Site-to-Site-Tunnel formen (Abbildung 11.1). Zusätzlich dazu wird RT-1 zum VPN-Server für einwählende Clients aus dem Netz von Standort-2. Die Konfiguration erfolgt über einen beliebigen Windows-PC, der Zugriff auf die Management-Adapter der OpenWrt-Router hat.

Installation

Die Softwarepakete von *SoftEther VPN* unterscheiden sich dadurch, ob das vorliegende Gerät ein Client, ein Server oder eine Bridge werden soll.

Installation

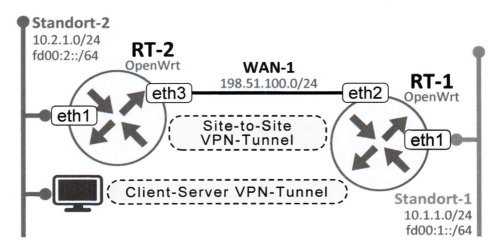

Abbildung 11.1: VPN-Tunnel verbinden die Standortnetze über das Internet

Weiterhin bietet das Repository sowohl eine stabile Version an (Version 4) als auch eine Entwicklervariante (Version 5). Für produktive Umgebungen empfiehlt sich die stabile Version. Die *Developer Edition* enthält neue Features und soll Fehler aufdecken, die beseitigt werden, bevor der Code zur stabilen Version wird.

Die Labor-Router erhalten das Server-Paket, welches die benötigten Bibliotheken gleich mitinstalliert. Nach der Installation startet der Dienst automatisch und ist bereit für die Einrichtung.

```
opkg update
opkg install softethervpn5-server
```

Die Konfiguration ist über das mitgelieferte vpncmd-Kommando möglich, aber für den Einstieg ungeeignet. Für die Ersteinrichtung lohnt sich der *SoftEther VPN Server Manager*, den der Hersteller auf seiner Webseite [14] anpreist. Die Software läuft auf allen Windows-Versionen seit 1998 und bietet eine zentrale Konfiguration der Geräte, solange zwischen ihnen eine IP-Verbindung besteht.

Site-to-Site-Tunnel

Für den Zugriff benötigt der Manager die IP-Adresse des SoftEther-Servers, der bereits auf den OpenWrt-Routern läuft. Das Passwort ist anfangs leer und lässt sich beim ersten Kontakt festlegen.

Da die Router noch keine VPN-Konfiguration haben, beginnt der Manager mit einem „Was soll ich werden"-Wizard. In einer kurzen Fragerunde legt der Admin fest, ob der Router ein Server für *Remote-Access VPN* oder *Site-to-Site VPN* werden soll. Das Dialogfeld unterscheidet bei Site-to-Site-VPN zwischen einem Server, der auf Verbindungsanfragen horcht (*Center*) und einem Server, der die Verbindung initiiert (*Edge*).

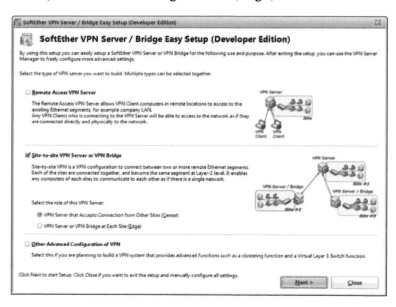

Abbildung 11.2: Per Wizard wird der OpenWrt-Router zum SoftEther-Server

VPN-Server

Im Labornetz übernimmt RT-1 die *Center*-Rolle und RT-2 wird zum *Edge*. Falls die Begriffe unklar sind, hat SoftEther vielen Dialogfenstern kleine Diagramme beigelegt (Abbildung 11.2), die den möglichen Netzaufbau zeigen.

Im folgenden Setup-Fenster fällt die Entscheidung, welches Protokoll die VPN-Server sprechen sollen. Für eine Site-to-Site-Verbindung bietet die Auswahl nur *L2TPv3 over IPsec* mit einem Pre-shared Key und optionalen IKE-Settings.
Das nächste Fenster des Wizards möchte die VPN-Verbindung durch die Cloud führen, was für das Labornetz nicht infrage kommt.
Ein weiteres Fenster später legt die Authentifizierung fest. Hier bietet SoftEther Benutzername mit Kennwort und Zertifikate an. Die Benutzerkonten können lokal im Router liegen, in einem separaten RADIUS-Server oder in einem *Active Directory*-Verzeichnisdienst. Um die Komplexität nicht weiter auszureizen, validieren sich die Laborrouter per *Password Authentication*.

Damit endet die Befragung und der VPN-Server RT-1 wartet auf Verbindungsanfragen. Eingehende Pakete auf dem WAN-Adapter müssen vorab noch die Firewall von OpenWrt passieren. Da SoftEther mehrere Protokolle (und damit TCP/UDP-Ports) unterstützt, erlaubt die Firewallregel aus Listing 11.1 alle möglichen Ports, auch wenn diese in den folgenden Abschnitten unbenutzt bleiben.

```
uci add firewall rule
uci set firewall.@rule[-1].dest_port='443 5555 992 8888'
uci set firewall.@rule[-1].src='wan'
uci set firewall.@rule[-1].name='Allow-SoftEtherVPN'
uci set firewall.@rule[-1].target='ACCEPT'
uci commit ; service firewall restart
```

Listing 11.1: Die OpenWrt-Firewall erlaubt SoftEther-VPN-Tunnel

VPN-Bridge

Router RT-2 soll zur VPN-Bridge werden, die eine Verbindung mit dem VPN-Server RT-1 herstellt. Die offizielle Dokumentation von SoftEther verwendet den Begriff *VPN-Bridge* als Gegenstelle zu einem VPN-Server, welche eine Netzbrücke zwischen VPN-Tunnel und lokalem Netz realisiert. Im Gegensatz zum VPN-Server antwortet die VPN-Bridge *nicht* auf eingehende Verbindungsanfragen und enthält keinen virtuellen Layer-3-Switch oder Filterfunktionen.

Die Einrichtung verläuft wie beim VPN-Server per Wizard. Diesmal lautet die passende Antwort im ersten Schritt (Abbildung 11.2) „VPN Bridge". Im folgenden Fenster erwartet der Manager eine Angabe über die Gegenstelle und die passende Authentifizierung. Nach Abschluss des Wizards baut RT-2 ungefragt die VPN-Verbindung zu RT-1 auf.

Ob der VPN-Tunnel erfolgreich besteht, zeigt der Manager im Bereich *Manage Virtual Hub*. Der Server präsentiert seine eingebuchten Clients (und Bridges) bei *Manage Cascade Connections*, wobei die Bridge ihre aktuellen Partner unter *Manage Sessions* führt.

VPN-Tunnel

Bei SoftEther transportiert ein aufgebauter VPN-Tunnel noch keine Datenpakete. Es fehlt noch die Entscheidung (und die Konfiguration), ob der Tunnel auf OSI-Ebene 2 im Bridge-Modus, oder auf Ebene 3 im Routing-Modus arbeiten soll (vgl. Kap. 2).

Bridge-Modus

Im Bridge-Modus verpacken die VPN-Router Ethernet-Pakete und senden sie durch den VPN-Tunnel. Die offizielle Dokumentation bezeichnet diesen Typ als *Layer-2 Ethernet-based VPN*. Die angeschlossenen LAN-Segmente teilen sich eine Broadcast-Domäne und können ein gemeinsames IP-Netz nutzen.
Die Einrichtung ist für beide Endpunkte des Tunnels identisch. Im VPN-Manager führt der Button *Local Bridge Settings* zu den Netzbrücken. Das geplante Szenario benötigt eine Brücke zwischen dem vorhandenen *Virtual Hub* und dem LAN-Adapter des OpenWrt-Routers. Abbildung 11.3 brückt den VPN-Tunnel und die *eth1*-Schnittstelle zusammen.

Sobald beide Router ihre Brücken erhalten haben, transportieren sie Pakete für das gegenüberliegende Subnetz über die Netzbrücke in den VPN-Tunnel. Die Endgeräte in den beiden Standortnetzen erhalten Adressen aus einem gemeinsamen IP-Netz und können sich ohne Default-Gateway erreichen. Die IP-Adressen sind beliebig und unabhängig vom VPN-Tunnel, da dieser nicht auf der IP-Ebene arbeitet.

Site-to-Site-Tunnel

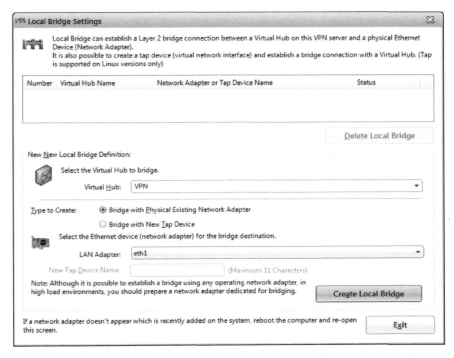

Abbildung 11.3: Per Netzbrücke erreicht der VPN-Tunnel das LAN

Für die Clients in den Standortnetzen ist die VPN-Verbindung transparent. Eine Routenverfolgung per `traceroute` wird eine Gegenstelle im anderen Standort so darstellen, als wäre sie im lokalen Netz.

Routing-Modus

Für den Routing-Modus müssen die Standortnetze nicht ihre IP-Adressen ändern. Dafür ist dieser Modus in SoftEther komplexer, da er Netzbrücken und Switches erfordert.

Unter der Haube verwenden die VPN-Router denselben transparenten Ethernet-Tunnel aus dem vorherigen Abschnitt. Der Unterschied liegt darin, dass einer der Router diesen Tunnel *nicht* ins LAN brückt, sondern mit einem virtuellen Layer-3-Switch verbindet. Dieser Switch arbeitet auf OSI-Ebene 3 und hat zwei Interfaces: Eins führt in den Tunnel und eins führt in das Standortnetz. Der Unterschied zu einem regulären Switch besteht darin, dass der Layer-3-Switch IP-Adressen hat und Pakete routet. Abbildung 11.4 zeigt den schematischen Aufbau.

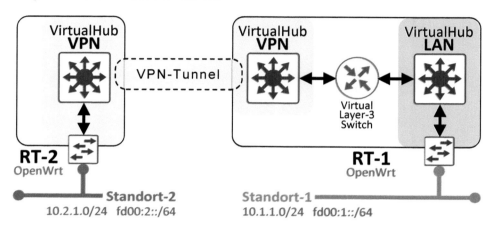

Abbildung 11.4: Im Routing-Modus verwendet SoftEther den *Virtual Layer-3 Switch*

Die Konfiguration findet vollständig auf dem VPN-Server RT-1 statt. Auf RT-2 ist (fast) keine Änderung nötig, solange der Tunnel aus dem vorherigen Abschnitt noch besteht.
Auf RT-1 muss die Konfiguration für die Tunnel-Brücke verschwinden. Anschließend erhält RT-1 einen weiteren *Virtual Hub*, der die Verbindung zum LAN darstellt. Der neue Hub benötigt keine weiteren Einstellungen – er muss nur existieren, damit die Tunnelei irgendwie das LAN erreichen kann. Der virtuelle Layer-3-Switch agiert als virtueller Router und verbindet den VPN-Tunnel mit dem lokalen Netzwerk. Dazu benötigt der virtuelle Router eine IP-Adresse in jedem Netzsegment. In Abbildung 11.5 ist der neue Router mit seinen virtuellen Interfaces im VPN-Manager dargestellt. Die IP-Adresse im VPN-Tunnel ist eine Adresse aus dem Bereich von Standort-2, da RT-2 den Tunnel als Ethernet-Erweiterung verwendet.
Anschließend erledigt der virtuelle Router seine Aufgaben und routet zwischen den angeschlossenen IP-Netzen. Router RT-2 kennt das IP-Netz von Standort-1 noch nicht und benötigt eine statische Route zu 10.1.1.0/24, welche den virtuellen Layer-3-Switch von RT-1 als Gateway anspricht. Die passenden UCI-Befehle sind in Listing 11.2 aufgeführt.

Remote-Access-VPN

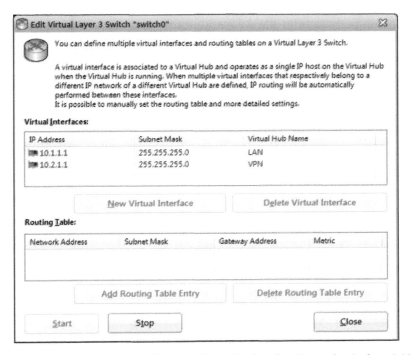

Abbildung 11.5: Der virtuelle Switch verbindet den Tunnel mit dem LAN

```
uci add network route
uci set network.@route[-1].target=10.1.1.0
uci set network.@route[-1].gateway=10.2.1.1
uci set network.@route[-1].netmask=255.255.255.0
uci set network.@route[-1].interface=SITE
```

Listing 11.2: Router RT-2 erreicht Standort-1 per VPN-Tunnel

Remote-Access-VPN

SoftEther unterstützt die VPN-Einwahl von mobilen Clients. Die Einrichtung verwendet erneut den Wizard aus Abbildung 11.2 auf Seite 178, wobei die erste Antwort *Remote Access VPN Server* lauten muss. Es folgen die DynDNS-Funktionen und eine Auswahl an Verschlüsselungsprotokollen, von denen *L2TP over IPsec* die stärkste Wahl ist.

Kapitel 11. SoftEther VPN

Im nächsten Fenster folgt die Auswahl der Authentifizierung mit denselben Optionen wie in Abschnitt *VPN-Server* auf Seite 178. Beim Remote-Access-VPN empfiehlt es sich, die Benutzeranmeldung an einen externen Verzeichnisserver abzutreten (falls vorhanden). Auf diese Weise können sich die Anwender mit ihren gewohnten Credentials am VPN-Client anmelden.

Sobald der Wizard keine weiteren Fragen mehr hat, können sich VPN-Clients anmelden. Was fehlt, ist ein DHCP-Server, der die Clients mit IP-Informationen versorgt. Hierfür bietet SoftEther einen virtuellen DHCP-Server im Virtual Hub unter *Virtual NAT and Virtual DHCP Server (SecureNAT)*.

Alternativ lässt sich ein vorhandener DHCP-Server im LAN oder auf dem OpenWrt-Router nutzen. Damit die VPN-Clients diesen erreichen, benötigen SoftEther *und* OpenWrt eine Netzbrücke, welche VPN mit LAN verbindet. Die neue *Local Bridge* im SoftEther-Manager verbindet dabei den virtuellen Hub mit einem neuen TAP-Device. OpenWrt macht dasselbe: In Abbildung 11.6 entsteht eine Netzbrücke zwischen dem LAN-Adapter und dem neuen TAP-Device. Auf diese Weise besteht eine Ethernetverbindung, welche die DHCP-Anfragen transportiert.

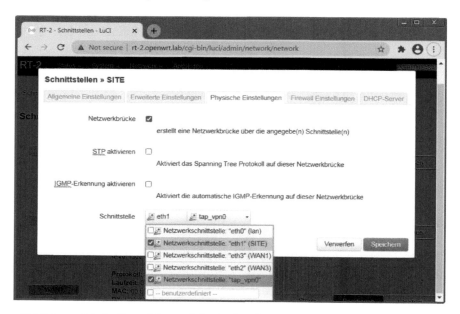

Abbildung 11.6: OpenWrt und SoftEther kommunizieren per Netzbrücke

Mit dem letzten Schritt ist der VPN-Dienst bereit für seine mobilen Clients. Sobald sich Endgeräte eingewählt haben, zeigt der Manager diese bei *Manage Sessions* im *Virtual Hub*.

VPN-Client

SoftEther brüstet sich damit, dass seine VPN-Implementierung kompatibel mit allen namhaften Betriebssystemen ist. Zusätzlich gibt es den *SoftEther VPN Client* als eigenständiges Produkt für Windows, Linux und macOS – zusammen mit dem VPN-Client-Manager für die Konfiguration.

Nach der Installation und dem Start der Client-Software generiert diese einen virtuellen Netzadapter für die zukünftigen VPN-Verbindungen. Die Einrichtung gestaltet sich einfach, da der Client-Manager dasselbe Look-and-Feel des Server-Managers hat.

Der erste VPN-Tunnel zum Server RT-1 benötigt dessen IP-Adresse und die Anmeldeinformationen (Abbildung 11.7). Die Details über Verschlüsselung und Protokoll regelt SoftEther im Hintergrund.

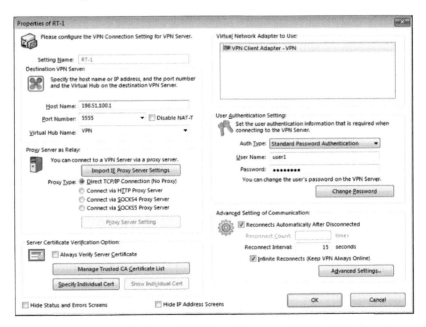

Abbildung 11.7: Der *SoftEther VPN Client Manager* hilft bei der Konfiguration

Nach erfolgreichem Verbindungsaufbau zeigt der Client-Manager die zugewiesene IP-Adresse. Im Fehlerfall bringt die GUI eine kurze Erklärung darüber, was schiefgelaufen ist.

Fehlersuche

Wenn beim Aufbau oder im Tagesbetrieb etwas nicht funktioniert, ist der VPN-Manager die erste Anlaufstelle beim Troubleshooting. In den Bereichen *View Status*, *View Server Status* und *Show List of TCP/IP Connections* berichtet der Manager über seinen Status und seine verbundenen Partner. Schwieriger wird es, wenn der Fehler *während* des Verbindungsaufbaus auftritt, da der Manager diese Einwahlversuche nicht in seinen Listen führt. Für diesen Fall kann der VPN-Server über seine Tätigkeiten per Syslog berichten (vgl. Kap. 8 aus Band 1). Im Bereich *Encryption and Network* aktiviert die Funktion *Syslog Send Function* das Reporting. Per Checkbox lässt sich die Menge der Details erhöhen, falls ein Fehler schwer aufzufinden ist.
Die regulären Linux-Befehle helfen bei der Fehlersuche wenig, da SoftEther viele Funktionen in seiner Software ohne externe Kommandos implementiert.

Technischer Hintergrund

Der SoftEther-VPN-Server ist ein einzelnes Binary, welches alle unterstützten Funktionen und Protokolle abbildet. Intern benutzt der Dienst die Bibliothek *Mayaqua* für die betriebssystem-spezifischen Befehle. Durch diese gekapselte Arbeitsweise sind die normalen Linux-Kommandos für die Fehlersuche wirkungslos. Beispielsweise erfährt der `ip`-Befehl nichts über die IP-Adresse des virtuellen Layer-3-Switches. Die virtuelle Netzbrücke lässt sich mit `brctl` nicht aufdecken. Und `route` erfährt nichts über die Routingtabelle, die SoftEther-VPN verwendet.
SoftEther speichert seine Konfiguration in der Datei `vpn_server.config` im Dateisystem. Die Textform und die deutlichen Variablennamen machen ihren Inhalt leicht verständlich.

Ausblick

Die Liste der Features auf der Webseite von SoftEther [14] erwähnt alle namhaften Protokolle und Techniken rund um die virtuelle Vernetzung. Dazu gehören auch exotische Funktionen wie *VPN over ICMP* und *VPN over DNS*. Beide Techniken machen genau was ihr Name verspricht: Sie verpacken die IP-Pakete der Endgeräte und leiten sie als ICMP- oder DNS-Pakete weiter an ihre Gegenstelle.
Der Einsatzzweck dieser abwegigen VPN-Tunnel liegt in Umgebungen mit restriktiven Firewalls. Wenn diese zumindest ICMP oder DNS erlauben, kann SoftEther durch diese Lücke einen VPN-Tunnel aufbauen (vgl. Kap. 10). Für die Konfiguration muss erneut der Server-Manager herhalten, der im Bereich *Encryption and Network* die ungewöhnlichen Tunnel einrichten kann.
Hohe Anforderungen an die Verfügbarkeit beantwortet SoftEther mit Clustering. In einem VPN-Cluster arbeiten mehrere VPN-Server zusammen und stellen sich ihren Clients als *ein* Server dar. SoftEther geht sogar einen Schritt weiter und verteilt die VPN-Verbindungen auf mehrere Server. Damit entsteht eine Lastverteilung innerhalb des Clusters. Die Konfiguration – erneut per Server-Manager – beginnt bei *Clustering Configuration*.

Zusammenfassung

SoftEther VPN erweist sich als Allzweckwaffe für VPN-Setups. Die Liste der Fähigkeiten übersteigt alle bisher thematisierten Produkte und Protokolle. Für die Konfiguration spendiert der Anbieter einen CLI-Befehl und eine grafische Oberfläche, die an zentraler Stelle alle VPN-Server verwaltet. Bei der Ersteinrichtung unterstützt ein Wizard das geplante Szenario und legt die Konfiguration entsprechend der gewählten Antworten an.
Auf der Kehrseite der Medaille gibt es kaum Sicherheitsaudits über die Software. Das einzige Audit von 2017 enthüllt gleich mehrere Schwachstellen. Immerhin gingen die Entwickler von SoftEther offen mit dieser Information um und boten sogleich eine verbesserte Version zum Download an.
Weiterhin wirkt der VPN-Manager etwas überladen, da die Software jede mögliche Funktion in die GUI einbaut und dabei mit vielen *virtuellen* Begriffen jongliert.

Kapitel 11. SoftEther VPN

Literaturverzeichnis

[1] Cisco Systems: *IPsec Overhead Calculator.* 2021. https://cway.cisco.com/ipsec-overhead-calculator/

[2] Andreas Steffen: *OpenSource IPsec-based VPN Solution.* 2021. https://www.strongswan.org/

[3] Paul Wouters: *Libreswan VPN software.* 2021. https://libreswan.org/

[4] OpenVPN: *Community Downloads.* 2021. https://openvpn.net/community-downloads/

[5] Simon Tatham: *PuTTY: a free SSH and Telnet client.* 2020. https://www.chiark.greenend.org.uk/~sgtatham/putty/

[6] Jason A. Donenfeld: *WireGuard: fast, modern, secure VPN tunnel.* 2020. https://www.wireguard.com/

[7] The OpenSSL Project: *OpenSSL – Cryptography and SSL/TLS Toolkit.* 2021. https://github.com/openssl/openssl/blob/master/crypto/objects/obj_dat.h

[8] Key Networks: *ztncui – ZeroTier network controller user interface.* 2021. https://key-networks.com/ztncui/

[9] Timo Teräs et al.: *IPsec-Tools.* 2019. http://ipsec-tools.sourceforge.net/

[10] Satoshi Inoue et al.: *The Racoon2 Project.* 2020. http://www.racoon2.wide.ad.jp

Literaturverzeichnis

[11] Timo Teräs: *OpenNHRP*.
2013. `https://sourceforge.net/projects/opennhrp/`

[12] FRRouting Project: *FRRouting*. 2020. `https://frrouting.org/`

[13] Erik Ekman, Bjorn Andersson: *iodine*. 2014.
`https://code.kryo.se/iodine/`

[14] Daiyuu Nobori: *SoftEther VPN*. 2020. `https://www.softether.org/`

Stichwortverzeichnis

1-RTT, 81

Active Directory, 179
Adresse
    dynamisch, 111, 152
    IP, 102
    IPv6, 28
    privat, 15, 69
Adressumsetzung, *siehe* NAT
AES, 46, 49, 66, 81, 100, 132, 153
AES-NI, 45
Aggressive Mode, 22, 151
AH, *siehe* IPsec
Algorithmus, 21, 62, 65, 135, 151
Alias, 143
Anonymität, 67
Anonymous, 132, 153
AnyConnect, 83
API, 123
App, 75
App-Store, 77
Apple, 77
Authentifizierung, 31, 38, 68, 80, 81, 88, 131, 142, 167, 184
    VPN, 18, 44, 63

Backbone, 117
Bandbreite, 172
Benutzer, 133

Benutzername, 44, 58, 95
Bibliothek, 63, 97
Binary, 116, 134, 186
bind-tools, 170
Blowfish, 49
Brücke, 110, 179
Bridge, 46
Broadcast, 122, 127, 180

CA, 33, 53, 87, 127
Captive Portal, 163
`certtool`, 92
ChaCha20, 46, 81, 113
Cisco, 83, 134, 147
Cisco VPN-Client, 129
Client, 49
Client-Zertifikat, 91
Cluster, 187
Conntracker, 142
Controller, 123
Cookie, 97
CRL, 35, 95
Cryptokey-Routing, 68
Curve25519, 82

Dead Peer Detection, 18, 27
Debian, 123
Debug-Level, 57, 171
Default-Route, 169

Denial of Service, 61
DHCP, 184
Diagramm, 11
Diffie-Hellman, 19, 38, 55, 81
`dig`, 170
Discovery, 155
DMVPN, 46, 147
DNS, 77, 111, 131, 187
DNS-Tunnel, 163
dnsmasq, 166
Domäne, 131, 164
DoS, 94
DTLS, 97
Durchsatz, 172
DynDNS, 111, 183

Easy-RSA, 33, 54
Einwahl, 131, 134
Elliptische Kurve, 81
Errata, 197
ESP, *siehe* IPsec, 38, 155
Ethernet, 67
Ethernet-Switch, *siehe* Switch
Exitcode, 58

Fehlersuche
    DMVPN, 158
    DNS-Tunnel, 170
    Iodine, 170
    OpenConnect, 86
    Racoon, 138
    SoftEther, 186
    Tinc, 108
Firewall, 61, 73, 104, 106, 122, 133, 137, 143, 155, 179
    Regel, 22, 51
    zone, 24, 52

FQDN, 173
FreeS/WAN, 40
FRRouting, 160

Gemeinsamer Schlüssel, 44
Generic Routing Encapsulation, 141
GitHub, 197
Go, 81
GPL, 65
GRE, 29, 46, 141, 148, 158
GREv6, 144

Header, 155, 157
HMAC, 61
`host`, 170
Hosting, 123
HTTP, 97
Hub, 148, 176
Hypervisor, 126

ICMP, 155, 187
IKE, **19**, 37, 131, 179
IKEv1, 151
IKEv2, 22, 139
Interface, 29, 60, 119, 141
Internet, 69, 126, 165
Internet Key Exchange, *siehe* IKE
Iodine, 163
ip, 120, 156, 186
IP-over-DNS, 163
`iperf3`, 172
iPhone, 77
IPsec, **15**, 45, 66, 115, 141, 149, 171, 183
    Fehlersuche, 36
IPsec-Tools, 129, 152
`iptables`, 23, 138
IPv6, 50, 60, 107, 138, 144, 160

ISAKMP, 131, 158

Juniper, 95

Keepalive, 66
Kennung, 37, 117, 124
Kernel, 131
Klartext, 171
Komprimierung, 113
Konfiguration, 197
Konsole, 70
Kopfzeile, 16
Korrekturverzeichnis, 197
Kryptomaterial, 68, 70
Kurve, 81

L2TP, 175
Labor, 11, 197
Leistung, 45
Libreswan, 39, 136
Limit, 173
Linux, 172, 175
Lizenz, 65, 75
Log-Level, 62, 86, 109
`logread`, 86, 138

MAC, 112
Main Mode, 22, 151
Manager, 177
mbedTLS, 63
Meta, 112
Methode, 97
Mode-Config, 131
Modus
    Bridge, 44
    Routing, 44
moon, 125
MTU, 155

MTU-Kalkulator, 156
Multi-Faktor-Authentifizierung, 38
Multicast, 127, 141
Multipunkt-VPN, 147

Nachbar, 161
Namensauflösung, 77, 163, 170
Nameserver, 170
NAT, 25, 43, 66, 69, 151, 170, 184
NAT-Traversal, 25, 160
Netzadapter, 12
Netzbrücke, 110, 122, 179
Netzwerk
    privat, 11
Netzwerk-Controller, 123
NHRP, 149
No-IP, 111
Noise Protocol Framework, 81
`nslookup`, 170

Objekt, 21
`occtl`, 90
`ocserv`, 97
Open Source, 147, 149, 175
OpenConnect, 83
    Fehlersuche, 93
OpenNHRP, 149, 154
`opennhrpctl`, 159
OpenSSH, 81
OpenSSL, 43, 63, 100, 113
OpenVPN, **43**, 111, 149, 173, 175
    Fehlersuche, 61
    GUI, 57
orbit, 126
OSI-Ebene 3, 141, 181
OSPF, 161
Overlay, 126

Stichwortverzeichnis

Paketgröße, 155
Paketmanager, 70, 78, 84, 142
Palo Alto, 95
PAM, 88, 134
Passwort, 92
Patch, 130, 152
Peer-to-Peer, 115
Pfad, 99
Phase, *siehe* IKE, 131, 161
Phase-ID, 26
Ping, 28
PKI, 53
pki, 33
PMTUD, 155
Poly1305, 46, 81, 113
Pre-shared Key, 37, 44, 45, 80, 131, 151, 179
Privater Schlüssel, 32
Proposal, 20, 131
Protokoll, 174
Proxy, 46, 67
Prozess, 98
PSK, *siehe* Pre-shared Key
PuTTY, 56, 79

QR-Code, 66, 77
qrencode, 78

Racoon, 129, 151
racoon, 138
Racoon2, 139
racoonctl, 136
RADIUS, 179
Raspberry Pi, 125
rekursiv, 164
Remote-Access, 39, 183

Repository, 84, 102, 117, 130, 133, 151, 167
Reverse Path Forwarding, 61
RFC1035, 173
RFC2332, 149
Richtlinie, 30
Roadwarrior, 131, 183
root, 133
Root-Server, 125
Route
    statisch, 144, 149
Route-based, 29
Router, 83, 110, 176
Routing, 67, 68, 105, 120, 141, 143, 157, 170, 181
Routingtabelle, 69, 72
RSA-Schlüssel, 32

SA, 131
SAD, 36, 138
Sandbox, 98
Schlüssel, 32, 37, 67, 81, 102
    -austausch, 32, 81, 105, 131
    -datei, 61, 63
    öffentlich, 32, 68, 80
    gemeinsam, 44
    Pre-shared, 80
    privat, 71, 77
SCP, 56, 102
Security Association, 138
Security Parameter Index, 139
Security Policy, 138
Servermanager, 175
setkey, 139, 152
SHA, 46, 100
Sicherheit, 16, 49, 171
Signal, 108

Site-to-Site, 18, 129, 136, 178
Skalierbarkeit, 147
Skript, 58, 106, 130, 133, 152, 157
Smartphone, 77, 134
SoftEther, 175
SPD, 36, 138
SPI, 139
Spoke, 148
SSH, 81
SSL-VPN, 83
SSTP, 175
Standort, 137, 147
Status, 108, 168, 186
StrongSwan, 18, 40, 136
Subdomäne, 165
Switch, 110, 115, 121, 176
symmetrisch, 81
Syslog, 186
Systemprotokoll, 36

TAP, 56, 111, 173
TCP, 112
Timeout, 131
Tinc, 99
TLS, 63, 81
traceroute, 29, 53, 108
Transport-Modus, 30
TUN, 56
Tunnel, 15, 71
    aufbau, 80
    Client-Server, 53
    IPsec, 15
    OpenVPN, 43
    Site-to-Site, 18, 47, 70

UCI, 136, 154, 167, 182
UDP, 25, 48, 67, 97, 112, 119, 155

Underlay, 126
Unicast, 141
User-Space, 45
useradd, 133
UTF-8, 79

Verbindungsaufbau, 18
verbindungslos, 66
Verschlüsselung, 18
Version, 11, 177
Virtual Hub, 176
Virtuelles Privates Netzwerk, 11
vollvermascht, 117, 148
Vollvermaschung, 99
Vorlage, 92
Vorschlag, 19
VPN, 11, 71
    Einwahl, 56
    Fehlersuche, 36
    IPsec, 15
    Leistung, 49
    OpenVPN, 43
    Sicherheit, 60
    Tinc, *siehe* Tinc
vpncmd, 176
VTI, 29
VXLAN, 115

Web VPN, 83
Weboberfläche, 74, 124
Webproxy, 67
wg, 70
wg genkey, 71, 77
wg genpsk, 80
Windows, 75, 91, 111, 172, 175
WireGuard, 65

Xauth, 131

Stichwortverzeichnis

ZeroTier, 115
ZeroTier Central, 117
`zerotier-cli`, 126
Zertifikat, 33, 45, 53, 85, 90, 127
Zertifikatsperrliste, 35, *siehe* CRL
Zone, 104
Zwei-Faktor-Authentifizierung, 38, 96

Anhang A

Zusatzmaterial

Die abgedruckten Beispiele in den vorherigen Kapiteln enthalten stets nur einen Ausschnitt, der zum jeweiligen Thema passt. Die vollständige Konfiguration aller Geräte ist online verfügbar unter:
`https://der-openwrt-praktiker.github.io`
`https://github.com/der-openwrt-praktiker`

Dort befindet sich zusätzliches Material, das den Umfang des Buchs gesprengt hätte.

- Konfiguration der Router aus den verschiedenen Kapiteln,
- Netzdiagramm der vollständigen Laborumgebung,
- Errata (Korrekturverzeichnis),
- Alle Skripte, die in den Kapiteln teilweise gekürzt abgedruckt sind oder nur erwähnt werden.